EDMUND JOSEF BENDL

DER SONNBLICK RUFT

ERZÄHLUNG AUS ÖSTERREICHS BERGEN

ÖBV

ÖSTERREICHISCHER BUNDESVERLAG, WIEN

Das Umschlagfoto von Reinhard Böhm, Wien, zeigt den Blick von der Ruine des alten Rauriser Goldbergwerks auf die Gletscherlandschaft des Sonnblicks.

58.–64. Tausend

Wien 1986

Gedruckt auf hf. Werkdruck 100 g
Druck: Novographic, Wien
ISBN 3-215-06262-3

INHALT

ZWEI KINDER UND EIN HUND

„Hermann!"

Zum drittenmal hat die Mutter schon zum Essen rufen müssen. Da endlich fährt der Bub auf, daß die dunklen Haare nur so fliegen, springt vom Fensterbrett herab, stürmt hinaus auf den Gang und Hals über Kopf die steilen, ausgetretenen Steinstufen hinunter. Der Vater versteht keinen Spaß, wenn eins zu spät zu Tisch kommt.

In der Stube sind schon alle auf ihren Plätzen: der Vater und die Mutter, die Burgl mit dem Leonhard, der Michel und die Mariedl. Sie haben nur noch auf ihn gewartet. Mitten auf dem Tisch steht die breite Schüssel. Aus der dampft es, daß man meinen könnte, die Heilige-Geist-Taube, die von der geschwärzten Decke niederhängt, schwebe tatsächlich in den Wolken des Himmels. Nur duften diese Wolken heute wieder recht irdisch nach Kraut und Speck. Und dieser Duft steigt dem Buben so stark in die Nase, daß er darüber die strafenden Blicke der Großen, das schadenfrohe Grinsen des Michel und das ängstliche Geschau der Mariedl gar nicht sieht. Ein Klaps auf den Hintern, den er im Vorüberhuschen vom Vater einsteckt, ermahnt ihn, das nächste Mal rechtzeitig zu kommen.

Mein Gott! Weit genug hat man ihn ja herholen müssen! Nicht, daß er vielleicht um die Mittagszeit noch draußen auf den Wiesen gewesen wäre. Droben in der guten Stube war er auf dem Fensterbrett gesessen. Zehnjährige Buben schicken die Gedanken meist auf Wanderschaft. Die lassen sich nur schwer zurückhalten. Aber wenn ihr nun meint, Hermann wäre im Geist durch den Urwald gestrichen oder mit den Indianern über die weite Prärie geritten oder gar mit kühnen Abenteurern über die Weltmeere gesegelt, da irrt ihr euch. Seine Gedanken wandern immer nach derselben Richtung, nach der auch stundenlang die braunen Bubenaugen blicken. Weit hinten, am Ende des engen Tales, reckt geheimnisvoll und halb versteckt der Hohe Sonnblick seinen Felsengrat gegen den Himmel. Dieser Berg beschäftigt Hermann jahraus, jahrein.

„Der Bub schnappt wohl noch einmal über“, meint die Mutter, bevor sie andächtig das Kreuz schlägt und mit einstimmt in den Chor der Beter.

Dann sitzen sie alle still und schieben die Teller an die dampfende Schüssel heran. Die Bäuerin teilt aus, und gleich darauf ist nur noch das Schmatzen der sieben hungrigen Mäuler zu hören.

Aber selbst beim Essen muß Hermann an den Berg denken, der nun hinter seinem Rücken zum Fenster hereinschaut. Mit dem Berg hat es seine eigene Bewandtnis, er ist der Stolz des ganzen Tales. Aber für ihn, den zehnjährigen Loitfellnerbuben, ist er noch viel mehr. Das verstehen die Großen nicht.

Die Geschichte des Rauriser Tales ist aufs innigste mit dem Sonnblick verbunden. Das Golderz, das sein mächtiger Felsenleib birgt, hat schon vor vielen hundert Jahren die Menschen angelockt. Im Glanze dieses Goldreichtums sind auch vor einem halben Jahrtausend die alten Gewerkenhäuser und die trutzigen Höfe gewachsen, die heute noch dem Ort sein Gepräge geben. Aber das alles ist es nicht. Der Bub denkt nicht an die Toten. Sein Sinnen und Trachten geht nach einem einzigen Menschen, der dort oben, abgeschnitten von aller Welt, auf dem höchsten Felsengipfel des Sonnblicks einsam wohnt. Ein alter Mann haust seit Jahren droben auf der Wetterwarte, ganz allein. Dieser alte Mann aber ist sein Großvater.

„Wann kommt denn der Großvater wieder einmal zu uns her-

unter?“ muß Hermann nach beendeter Mahlzeit den Vater fragen.
Der weiß es nicht. Niemand weiß es. Seit mehr als zehn Jahren lebt der Alte da droben auf dem Sonnblickgipfel, und wenn es ihm einmal einfällt, seine Verwandten im Tal zu besuchen, dann geschieht das immer nur für eine knappe Stunde und oft grad an einem Tag, an dem man es am wenigsten erwartet.
Solche Besuchsstunden bringen die Loitfellnerleute immer wieder in Verlegenheit. Man weiß nicht, wie man's dem alten Großvater recht machen soll. Das Leben im Tal herunten ist ein anderes als das auf der einsamen Gipfelhöhe. Kein Wunder, wenn einer da schrullig wird, wenn er das ganze liebe Jahr nichts sieht als Himmel und Wolken, Eis und Schnee und Felswände, die tausend Meter in die Tiefe fallen. Der alte Peter Maylechner, der Vater der Loitfellnerbäuerin, war schon immer einer, der gern seinen eigenen Weg ging. Die langen Jahre der Einsamkeit aber haben ihn völlig für das verschlossen, was andere Menschen bewegt. Und so sind eigentlich im Grunde alle wieder heilfroh, wenn der Alte nach kurzer Rast auf seine Hütte zurückkehrt.
Mürrisch und menschenscheu ist der alte Maylechner, das sagen die Leute in der Rauris. Und es ist noch keinem gelungen, mit ihm in ein längeres Gespräch zu kommen. Für die Kinder gar taucht er mit seinen buschigen Augenbrauen und seinem verwilderten grauen Bart wie ein Berggeist aus einer alten Sage auf.
Nur Hermann weiß es anders. Als er noch ein ganz kleiner Bub war, ist auch er vor dem Großvater davongelaufen. Der hat ihn aber dann einmal bei der Hose erwischt und ihn trotz seinem Sträuben auf den Schoß genommen. Und dann hat er zu erzählen begonnen, langsam und leise, und das, was er zu erzählen wußte, war so schön, daß dem Kleinen alle Furcht geschwunden ist, gar, als der Alte ein paar Steine aus der Tasche zog, die so wunderfein glänzten und funkelten, daß man glauben konnte, der Großvater käme direkt aus dem Märchenland.

Es klang auch wie aus einem Märchen, was Hermann da alles vernahm: von dem stolzen Haus hoch droben auf dem steilen Gipfelfelsen, von Sonne, Mond und Sternen, von Wind und Schnee, von blauen Eishöhlen und unterirdischen Wassern, die durch stille Nächte rauschen. Und wie der Großvater die Stimme des Windes kannte und wie er es verstand, was die Nebelwolken ihm zuriefen, wenn sie am Stubenfenster vorüberzogen. Das alles war so voll von Geheimnissen, daß es Hermann seit jenem Tage kaum erwarten konnte, bis der Großvater wieder nach Rauris herunterkam.

Er kam nie allein. Sein treuer Begleiter war ‚Lian', ein großmächtiger, braun und weiß gefleckter Bernhardinerhund. Der tauge mehr als alle Menschen miteinander, hat Hermann den Großvater einmal sagen hören. Er kann zwar bis heute nicht begreifen, daß ein Hund so viel wert sein soll, aber wenn es der Großvater sagt — der ist alt genug, der muß es wissen. Hermann hat jedenfalls Lian ins Herz geschlossen.

Das ganze Jahr über hausen die beiden da hinten auf der letzten Felsenspitze, die vom Tal aus zu sehen ist. Tag und Nacht, Sommer und Winter. Daran muß der Bub immer denken. Von seinem Bett aus kann er den Sonnblick sehen, wenn er sich aufsetzt und wenn die Burgl das kleine Kammerfenster nicht mit den roten Pelargonienstöcken zu dicht verstellt hat. Die Burgl, das ist die ältere Schwester, die erst jetzt im Sommer geheiratet hat. Die möchte am liebsten überall Blumen hinstellen, wo sie einen freien Platz findet. Hermann aber ist die Aussicht auf den Sonnblick lieber; drum sitzt er am Tage eine Stunde und länger auf dem Fensterbrett, oder er hockt hoch droben über dem Hof auf dem Steilhang und blickt unverwandt nach dem kleinen Felshörndl, von dem er weiß, daß es in Wirklichkeit ein mächtiger Gipfel ist, auf dem wie eine stolze Burg das Haus steht, in dem der Großvater mit Lian wohnt. Dort einmal hinaufkönnen, das wäre sein sehnlichster Wunsch! Er hat den Großvater auch schon gebeten, daß der ihn einmal mitnehmen möge. Aber der hat ihn nur groß angeschaut, dann hat er gelacht und gemeint, das wäre ganz bestimmt nichts für kleine Buben. Das war übrigens das einzige Mal, daß Hermann dem Großvater ernstlich böse war. Denn das war vor einem Jahr im Frühling — und da war er doch immerhin schon neun Jahre alt.

Der Vater und die Mutter haben so gar keine Sehnsucht, dort hinaufzusteigen. Zum Einödhof, den die Loitfellnerischen seit undenklichen Zeiten bewohnen, gehören ein paar Bergwiesen und Almweiden, die zu pflegen und zu bearbeiten so viel Schweiß und Mühe kostet, daß die Bauersleute kein Verlangen ankommt, noch um fünfzehnhundert Meter höher hinaufzuklettern. Für sie ist der Berg bloß harter Stein, dem sie in stetem Kampf ihr tägliches Brot abringen. Es ist das Vorrecht der Kinder, in den Bergen das Reich der Feen und der Geister zu suchen.

Auch der Michel hat für die Berge nichts übrig. Er ist um fünf Jahre älter als Hermann, ist also schon ein Jahr aus der Schule und hat es sich bereits angewöhnt, das Leben wie die Großen zu betrachten. Ein paarmal hat Hermann ihm Geschichten vom Sonnblick und von geisternden Bergmännlein erzählen wollen. Da hat Michel ihn ausgelacht. Seither läßt Hermann ihn damit in Ruhe. Der Loitfellner Michel ist ein gesunder, nüchterner Bub, und arbeiten kann er, daß es eine Freude ist. Wird einmal ein tüchtiger Bauer werden, der Michel.

Anders ist nur der Schwiegersohn, den die Burgl ins Haus gebracht hat. Der war bis vor kurzem Bergführer in Heiligenblut. Jetzt führt er die Touristen auf den Sonnblick, das Schareck und den Hochnarr. Zwischendurch schleppt er für die Wetterwarte Benzinkanister und Holz auf seinem Buckel von Kolm hinauf zum Gipfel. Dreiundzwanzig Jahre ist er erst alt, der Leonhard, und kennt doch jeden Stein auf den Bergen und jeden Tritt. Er kann gut verstehen, daß der Bub immerzu von den Bergen träumt. Aber auch er vertröstet ihn jedesmal auf später, wenn er mit einem Gruß vom Großvater zurückkommt.

Fein ist's schon, daß die Burgl vor drei Wochen grad den Leonhard geheiratet hat! Er hat nämlich sein Schwesterkind, die zehnjährige Mariedl, auf den Einödhof mitgebracht. Der hatte bei der letzten Heuernte ein Blitz Vater und Mutter erschlagen. Damals stand sie allein da und Leonhard nahm sie zu sich. Jetzt hätte sie drüben zu fremden Leuten müssen — da hat der Bursch das kleine, blonde Ding als Draufgabe zur Hochzeit mitgebracht. Den Loitfellnerleuten war's recht, umso mehr, als ihnen vor drei Jahren ein Töchterl im gleichen Alter gestorben war.

Noch sitzt das Mädel mit seinen flachsblonden Zöpfen, die es als zierliches Krönlein im Haar trägt, stundenlang abseits von der großen Schar und redet kaum ein Wörtel. Ab und zu schimmert es feucht in den hellblauen Augen, und es bedarf oft gar verrückter Einfälle der anderen, das Kind zum Lachen zu bringen.

Trotzdem ist Hermann alles recht, wie es ist. Sie sind beide im gleichen Alter und werden im Herbst in dieselbe Schulklasse kommen. An Mariedl hat der Bub endlich einmal eine dankbare Zuhörerin gefunden, wenn er von den Bergen erzählt und von all den Geheimnissen, die der Sonnblick birgt. Sie allein scheint auch seine unbändige Sehnsucht nach jenem Zauberreich zu verstehen.

Übrigens hat sie davon selber schon mehr sehen dürfen als der Bub. Vor vier Wochen ist sie mit Leonhard über den alten Saumweg von Heiligenblut übers Hochtor und das Rauriser Tauernhaus durchs Seidlwinkltal nach Rauris herübergekommen. Um ihr den langen Weg zu verkürzen, mußte Leonhard viel erzählen aus alter Zeit, in der noch die Saumpferde der Kaufleute schwer beladen über diesen Tauernpaß geführt wurden. Das erzählte sie nun wiederum dem Buben. So dauerte es nicht lange, bis die beiden sich eine Wunderwelt aufzubauen begannen, die sie mit Schneeköniginnen und Berggeistern und hurtigen Zwerglein erfinderisch belebten.

An einem heißen Vormittag im Juli ist der Einödbauer mit Kind und Kegel draußen auf dem Roggenfeld am Weg zur Straße. Der Einödhof trägt seinen Namen nicht zu Unrecht. Die meisten anderen alten Höfe stehen dicht nebeneinander, zur Rechten und zur Linken der Marktstraße. Wer aber zum Einödhof will, muß aus dem Ort heraus ein Stück ins Tal hinein wandern, bevor ihn der Weg nach rechts über die schäumende Ache an den kleinen Hügel heranbringt, auf dem der Bauernhof mit der Schauseite nach Süden liegt. Strahlend weiß leuchtet die Vorderfront, in drei Reihen übereinander spiegeln sich die blanken Fenster in der Sonne. Vier mächtige Steinstufen führen hinauf zu dem alten Tor, in dessen Kielbogen stolz die Jahreszahl „1553“ prangt. Seit vierhundert Jahren schon gehen durch dieses Tor die Geschlechter ein und aus. Im Oberstock durchzieht die Front der im Salzburgischen übliche „Gang“, ein kunstvoll geschnitzter Holzbalkon, wie die Fenstersimse über und über mit Pelargonien, Nelken und Rosmarin beladen. Darüber klebt im Giebelfeld noch ein kleiner Balkon, hinter dem die Schlafräume der Kinder liegen.

An dem Weg also, der von der Straße seitwärts herüberführt, mähen und binden die Loitfellnerleute eben den Roggen, als der alte Maylechner mit Lian drüben auf der Holzbrücke über die Ache kommt. Der Hund ist schneller da und drängt sich voll Freude an Hermann heran. Die zwei haben schon vor Jahren feste Freundschaft geschlossen. Langsam kommt der Großvater nach. Die anderen grüßen kurz und freundlich, lassen sich aber in ihrer Arbeit nicht stören. Sonst kennt der Vater auch bei Hermann keinen Pardon, aber heute macht er eine Ausnahme. Der Bub soll mit Lian ins Haus gehen. Der Großvater schlägt die Einladung zum Mittagessen wie immer aus, brummt etwas von Einkäufen im Ort und von einem Einkehren beim Brücklwirt, und daß er in zwei Stunden wieder vorüberkäme. Inzwischen könne der Hund bei dem Buben bleiben.

Der stürmt mit ihm den Weg hinauf. Leer und verlassen liegt der Hof da, nur Mariedl treffen sie an, die heute vormittag die Aufgabe hat, das Haus zu hüten und aufs Feuer zu achten. Ist das ein großmächtiges Hundevieh, muß Mariedl denken. Nur langsam legt sie ihre Scheu ab, dann aber läßt sie sich doch von Hermann dazu überreden, zu dritt auf die Wiese hinter das Haus zu gehen.

Der Bub hat einen roten Kopf vor Begeisterung, Mariedl einmal etwas Besonderes bieten zu können. An dem primitiven Spielzeug, das er ihr gleich am ersten Tag gezeigt hat, scheint sie keinen Gefallen zu haben. Alle Schlupfwinkel des alten Hauses, vom Keller bis hinauf zum Dachboden, hat er ihr schon gezeigt. Zu längeren Ausflügen in die Umgebung haben sie noch keine Zeit gefunden, da es auf dem Hof immer Arbeit für sie gibt. Nun ist Lian da, und das bringt den Buben auf einen Gedanken.

Hinter dem Haus lehnt an der Stallwand ein kleiner Heuschlitten, wie ihn die Bauern auf den steilen Wiesenhängen zum Einbringen des Heus verwenden. Rasch einen alten Wäschestrick zur Hand, und so gut es geht, wird der starke Bernhardiner vor das Fahrzeug gespannt. Dann läßt der Bub das Mädchen aufsitzen, springt selber voll Übermut vorne auf das Holzgestell, daß es kracht — und schon geht es in lustiger Fahrt kreuz und quer durch den Obstgarten hinaus auf die Wiese. Lian spielt seine Rolle ausgezeichnet. Öfter als einmal schon hat er droben auf dem Gletscher einen Touristen, der nicht mehr weiterkonnte, die letzten paar hundert Meter zur Hütte hinaufziehen müssen.

Anfangs will die Sache der Mariedl noch nicht so recht gefallen. Am liebsten wäre sie aus dem hüpfenden Fahrzeug wieder ausgestiegen. Aber Hermann würde sie für feig halten, und das will sie auch wieder nicht.

Doch die Fahrt ist lustig, Hermann jauchzt vor Freude und führt stolz das Leitseil; Lian bellt ganz närrisch dazwischen. Da bekommt auch Mariedl Gefallen an dem Spiel.

Wenn nur Lian nicht gar so große Sprünge machte! Bergauf, dem Haus zu, müssen sie bei jedem Ruck aufpassen, daß sie nicht nach hinten purzeln. Wenn sie aber dann umkehren und zwischen den Bäumen über die Wiesen hinabfahren, wo von der linken Seite der wilde Einödbach sich in die Ache ergießt, wird die Sache gar aufregend. Der kleine Holzschlitten hüpft und poltert so ausgelassen hinter dem Hund her, daß man ihm's wirklich nicht ansieht, daß er doch schon ein alter Herr ist, auf dessen Rücken gut drei Generationen das Bergheu zu Tal befördert haben.

„Halt dich fest an, Mariedl!" schreit der Bub, als sie hart am Uferrand der Ache eine scharfe Kurve nach rechts nehmen. Aber es ist schon zu spät. Das Holzgestell rutscht auf der grasigen Böschung ab und schleudert die Kinder zur Seite. Hermann kann sich noch im letzten Augenblick an die Zweige eines Busches anklammern, der am Ufer steht. Von dem Mädchen hört er einen angstvollen Schrei. Was ist geschehen?

Er dreht sich um. Da überfällt ihn jäher Schrecken. Er sieht das Kind bis zu den Armen im Wasser. Verzweifelt sucht es sich an einem von den Wellen überspülten Stein festzuhalten. Die reißende Strömung zerrt unbarmherzig an dem Kind, daß es vor Angst und Schrecken laut zu weinen anfängt. Hermann weiß nicht, wie ihm geschieht. „Mörder!" zuckt es durch sein Bubenhirn. Er glaubt nichts anderes, als daß die Ache jetzt und jetzt das Mädchen mitfortreißen muß. Selber kniet er an dem steilen Uferrand und sucht vergeblich nach einem festen Stand, von dem aus er Mariedl die Hand reichen könnte.

Da! Ein Schnaufen an seiner Seite. Unsanft wirft es ihn an die Böschung hin. Hart neben ihm poltert der Heuschlitten ins Wasser. Lian hat das Unglück bemerkt und schleunigst kehrtgemacht. Das rasche Zupacken hat das Tier in den vielen Jahren auf dem Berggipfel droben gelernt. Mit zwei langen Sprüngen ist er drunten in der Ache. Daß er das alte Holzgestell hinter sich nachzieht, schert ihn nicht. Schwimmend arbeitet er sich durch die reißende Strömung an das weinende Kind heran und faßt es mit seinem breiten Maul an dem blauen Dirndlkleid, das sich über dem Wasser bauscht. Schon schiebt das kräftige Tier das Mädchen um den glatten Stein herum an das Ufer. Jetzt erst ist das lähmende Entsetzen von dem Buben abgefallen. Rasch ist er zur Stelle und streckt beide Arme aus, damit Mariedl sich emporziehen könne. Die Bubenhände wären gewiß auch jetzt noch zu schwach gewesen, hätte nicht Lian sich gegen den Rücken des Mädchens gestemmt und es so aus dem Wasser herausgehoben.

Ein größerer Stein noch als die, die in der Ache liegen, ist Hermann vom Herzen gefallen, als er Mariedl heil neben sich stehen sieht. Ganz närrisch tanzt er mit ihr auf der Wiese herum: „Du bist nicht ertrunken, Mariedl! Du bist nicht ertrunken! Du lebst ja!“ Wie leicht hätte es anders sein können... Den Buben schaudert es bei dem Gedanken. Der überstandene Schrecken zittert beiden noch in allen Gliedern nach, wenn sie die Ache abwärts blicken, wo das Wasser gar so wild dahinschießt. Da will es nicht viel besagen, daß das Mädchen aus dem Munde blutet und daß Arme und Beine übel zugerichtet sind. Aber das Kleid muß herunter, das patschnaß auf dem Körper klebt, den es nach dem eiskalten Bad trotz der heißen Sonne schüttelt.

Zuerst fallen beide noch voll Dankbarkeit über ihren vierbeinigen Freund her und können sich gar nicht genugtun mit Streicheln und Liebkosungen. Dem Tier scheint das Wasser weit besser bekommen zu sein. Der Heuschlitten allerdings ist bei dem Abenteuer in Brüche gegangen. Das dürfte seine letzte Fahrt gewesen sein. Der Strick, mit dem der Hund noch immer drangebunden ist, ist naß geworden. Es gibt eine harte Arbeit, bis sie das Tier befreit haben. Dann laufen alle drei ein Stück bergan, dem Einödbach entgegen. Dort weiß Hermann eine von Sträuchern dicht umstandene Stelle. Hier muß sich die zähneklappernde Mariedl aus den nassen Kleidern herausschälen. Rasch entschlossen streift Hermann sein Bubenhemd über den Kopf und wirft es ihr zu. So kriegt das Mädchen etwas Trockenes auf den Leib. Dann liegen sie nebeneinander im Gras, und die Sonne lacht und schickt ein paar Strahlen mehr herunter auf den Buben mit der nackten Brust, auf das flachshaarige Dirndl, das in dem grobleinenen Bubenhemd drinnensteckt, und auf den großen Bernhardinerhund, an dessen weißen und braunen Fellhaaren noch immer helle Tropfen glänzen.

Der Bub überdenkt noch einmal das ganze Abenteuer. So fein hat er sich's ausgemalt — und das ist das betrübliche Ergebnis: Mariedl in die Ache gefallen, ein blutendes Loch in der Reihe ihrer Zähne, Abschürfungen an Armen und Beinen, das Kleid an der Stelle, die der brave Lian erwischt hat, eingerissen, der Heuschlitten auseinandergebrochen. So traurig mußte die waghalsige Fahrt enden. Und ausgerechnet er, der an allem schuld ist, hat nichts abbekommen. So ungerecht geht es im Leben zu. Ein ordentlicher Trost ist es ihm, daß Mariedl gar nicht bös zu sein scheint, obwohl er sich doch zumindest zwei feste Ohrfeigen verdient hätte. Und daß sie so tapfer ist und ihm versprochen hat, keinem Menschen in Rauris auch nur ein Sterbenswörtel von dem zu verraten, was sie heute erlebt hat. Das wird er ihr nie vergessen!

Sie überlegen eben noch, wie sie es anstellen sollen, daß nichts aufkommt, da ruft auch schon der Großvater vom Hof her nach dem Hund. Lian springt auf, drängt sich wedelnd und leise knurrend an den Buben heran, als wolle er von ihm Abschied nehmen, und springt dann davon. Hermann folgt ihm, um dem Großvater Lebewohl zu sagen.

Mariedl bleibt allein zurück, und als der Bub wiederkommt,

hat sie sich schon alles zurechtgelegt. Vom Dachfirst herab ruft soeben die Eßglocke alt und jung zum wohlverdienten Mittagmahl. Das Mädchen muß heute fasten, was wohl als gerechte Strafe eher dem Hermann zukäme. Aber die Kleider sind noch nicht recht trocken und würden sofort alles verraten. Also muß der Bub allein zum Essen laufen.

Hermann nimmt den Heuschlitten mit und stellt die aneinandergelehnten Trümmer so sachte an den alten Platz, daß kaum einer etwas merkt. Der Schlitten wird erst auseinanderfallen, wenn der Vater ihn zur Arbeit hervorziehen wird. Bis dahin werden noch Wochen vergehen.

Beim Mittagessen weiß Hermann nicht zu sagen, wo denn Mariedl heute stecken könnte.

Mariedl aber hat dann wirklich alles tapfer auf sich genommen. Die Scheltworte dafür, daß sie sich verlaufen hat, dann so ungeschickt war, auf dem steinigen Weg zu stürzen, daß das Kleid zerrissen war, und daß sie beim Mittagstisch gefehlt hat, hat sie, ohne den Mund zu verziehen, eingesteckt.

Dafür hat ihr später der Bub bei Tisch, sooft er nur konnte, die schönsten Brocken zugeschoben. Und wenn das Kirchweihfest kommt, an dem der Vater den Buben immer ein Geldstück in die Hand drückt, wird er zum Krämer auf dem Kirchenplatz gehen und für Mariedl eine große Tafel Schokolade kaufen, ohne daß er selber auch nur eine einzige Rippe davon kosten wird.

So vergeht der Sommer, und auch der Herbst ist schon durchs Tal gezogen. Die Berge ringsum haben längst ihre weißen Schneemützen übergestülpt. Die Allerseelenglocken haben schon durch die ganze Rauris geläutet und die Klage um die lieben Toten weitergetragen, hinein nach Bucheben und von dort hinauf nach Kolm. Als Antwort ist am Tag darauf der erste ausgiebige Schneefall von den Bergen gekommen. Als Mariedl am übernächsten Tag aufwacht und durchs Fenster blickt, erschrickt sie ordentlich, wie hoch der Schnee über Nacht schon wieder angewachsen ist. Sie muß nämlich an die Geschichte mit den neun Meter hohen Schneestangen denken, die in der Rauriser Kirche vorne rechts und links vom Hochaltar stehen. Von diesen Stangen hat Hermann ihr im Sommer so viel erzählt, daß sie meint, sie müßte es in wenigen Tagen auch noch erleben, daß das Haus von einer neun Meter hohen Schneedecke wie von einem Leichentuch zugedeckt würde. Und zum erstenmal überkommt sie nach längerer Zeit wieder das Heimweh nach dem lieblichen Heiligenblut, wo sich solch grausliche Dinge doch noch nicht ereignet haben, wie man sie hier im Rauriser Tal erzählt.

Da soll einmal vor langer Zeit — um das Jahr 1448, so heißt es — als der Goldbergbau in voller Blüte stand, ein Bergknappenhaus weit hinten in Kolm-Saigurn mitten im Sommer durch einen überraschenden Schneefall, der tagelang währte, so tief eingeschneit worden sein, daß die Bergknappen allesamt nimmer hinaus ins Freie konnten und lebendig begraben waren. Obendrein ging das Brennholz zu Ende, und sie froren jämmerlich. Nach ein paar Tagen waren auch die Eßvorräte aufgezehrt, sodaß zur Kälte der bitterste Hunger hinzukam. In ihrer Verzweiflung beschlossen nun die Bergknappen, den Bergschmied, der der Dickste unter ihnen war, zu töten und aufzuessen. Als dieser bemerkte, was die anderen mit ihm vorhatten, packte ihn die Angst, und er flüchtete heimlich in den Rauchfang. Die Todesfurcht verlieh ihm doppelte Kraft. Er kletterte in dem engen, rußigen Schacht in die Höhe, stieß oben in den weichen weißen Schnee und bahnte sich durch die Schneedecke den Weg ans Tageslicht. Dann rutschte er auf dem gleichen Weg wieder zu seinen Kameraden zurück, zeigte ihnen, wie sie ins Freie gelangen könnten, und rettete so alle aus ihrer schrecklichen Lage. Zum Dank und ewigen Angedenken fertigten die Knappen dann die beiden Stangen an, schmückten sie mit Blumen und Lichtern und trugen sie in feierlicher Prozession in die Rauriser

Pfarrkirche, wo sie heute noch stehen. Diese Knappenstangen sind aber gut neun Meter hoch. So hoch sollen damals die Schneemassen über der Erde gelegen sein.
So hat es Hermann erzählt und er weiß es wiederum von den großen Leuten. Das mit dem vielen Schnee möchte sie ja gerne glauben, nur die Geschichte mit dem armen Bergschmied, die will ihr nicht in den Sinn. Sie ist ordentlich froh, daß auf dem Einödhof um und um keine dicken Leute wohnen. Außerdem liegt das Haus auf einem kleinen Hügel, und der Michel hat auf Ehr und Gewissen versichert, daß die Schneedecke auch im strengsten Winter kaum höher als bis zum Küchenfenster reicht.
Die Buben sind da nicht so ängstlich. Je dichter die weißen Flocken vom Himmel wirbeln, umso fröhlicher tollen die Buben durch den Schnee. Zur Schule stapfen wohl alle schön sittsam Hand in Hand den ausgetretenen Weg dahin, in der Mittagspause aber, wenn sie den hungrigen Magen vollgestopft haben, und am frühen Nachmittag, wenn sie fröhlich und um manches gescheiter den Heimweg antreten, werfen sie dann oft die Schulranzen in weitem Bogen in den Schnee, und wilder Schlachtenlärm erfüllt die sonst winterliche Stille des Tales.
Mariedl hält sich immer an Hermann. Er ist zwar ein Bub, aber doch nicht so wild wie die anderen. Einmal hat sie den Weg nach Haus allein gehen wollen. Da sind die drei Buben des Heustadlbauern über sie hergefallen und haben sie so unbarmherzig mit Schnee eingerieben, daß ihr am späten Abend noch die Ohren brannten. Freilich hat der Hermann diese Schande nicht auf ihr sitzen lassen und hat am nächsten Tag im Verein mit den Buben vom Hiasbauern und vom Veitbauern den Heustadlbauerischen tüchtig heimgeleuchtet. Als sich dann am übernächsten Tag zwei Kampfgruppen gebildet hatten und das halbe Dorf in eine Schneeballschlacht hineingezogen wurde, da verstand es Hermann, Mariedl aus dem Schlachtgetümmel un-

bemerkt herauszuführen und auf einem kleinen Umweg über den zugefrorenen Einödbach sicher nach Haus zu bringen. Vom Stallfenster aus haben sie dann noch zugeschaut, wie die feindlichen Gruppen im dichten Hagel der Bälle miteinander stritten.

Feig ist Hermann bestimmt nicht. Aber wenn der Wirbel gar zu arg wird, zieht er sich doch am liebsten zurück und träumt von Heldentaten, die noch schöner sein müßten als solche, bei denen es eigentlich nur drauf ankommt, wer die derberen Fäuste hat. Ihn gelüstet es weniger, später im Leben einmal mit Menschen zu kämpfen als mit den unheimlichen Gewalten der Natur, mit dem Wildwasser, den Stürmen, mit Eis und Schnee. Da fällt ihm immer wieder der Großvater ein. Monatelang wissen sie jetzt nichts von ihm. Kein Mensch findet im Winter den Weg hinauf. Ganz allein haust er droben auf seiner Felsenburg. Gehört da nicht viel mehr Mut dazu, als den Buben vom Mühlwandbauern zu verdreschen? Der hat ihn nämlich einen „spinnerten Tepp" geheißen, weil er gestern den Herrn Oberlehrer gefragt hat, ob er noch viel dazulernen müsse, wenn er einmal so wie sein Großvater Wetterwart auf dem Sonnblick werden wolle. Der Herr Oberlehrer hat auch gar nichts Komisches dran gefunden, sondern ihm nur übers Haar gestrichen und gemeint, das habe wohl noch ein wenig Zeit. Aber dem Hansl vom Mühlwandbauern wird Hermann es schon zeigen. In der Schule ist er einer der Besten, da wird er gewiß auch die geheimnisvolle Kunst der Wettermacher erlernen.

Als er Mariedl davon erzählt, daß er später einmal so wie der Großvater droben auf dem Berg leben wolle, da kann das Kind am Abend lange nicht einschlafen. Es muß immer an den dicken Bergschmied denken. Wie, wenn der Hermann da droben einmal keinen Weg mehr fände durch den Schnee . . .?

Ein paar Schritte weiter, in dem Bett neben dem Fenster, liegt der Bub und schläft schon fest. Im Traum sieht er den Großvater, der ihm aus der Tür seiner halbverschneiten Wetterhütte winkt. In großen Sprüngen kommt Lian durch den tiefen Schnee auf Hermann zu. Wenn er ihn nur nicht umwirft! Hinter ihm gähnt der Abgrund!

Da springt der Hund an ihm empor. Mit beiden Händen umklammert Hermann den Kopf des Tieres. Aber es ist nicht Lian, sondern die dicke, weiche Tuchent, die er zwischen den Armen hat. Und als er sich aufsetzt und herumschaut, erkennt er, daß er in der finsteren Schlafkammer ist. Nur draußen vor dem Fenster, weit hinten im Tal, steht, vom Mondlicht umflutet, die weiße Wand des Hohen Sonnblicks. Noch schwankt der Bub zwischen Traum und Wirklichkeit.

„Du hast den Großvater gerufen!" flüstert Mariedl aus dem anderen Bett herüber.

Der Bub weiß nichts davon.

„Und ich hab gemeint, der Großvater hätte mich gerufen."

Dann steckt er den Kopf wieder in die warmen Federn, und alles versinkt im Traum: der Einödhof, Vater und Mutter, das ganze Dorf mit Kirche und Schule — und sogar die Mariedl, die ihn immer als letzte verläßt.

IM EWIGEN EIS

Um die Hütte auf dem Gipfel braust der Sturm. Heulend peitscht er den Schnee gegen die vereisten Fenster und rüttelt an den armdicken Halteseilen, daß die Schindeln knarren. Spät ist es. Die kleine Weckeruhr auf dem Nachtkästchen zeigt halb zehn. Der Tag war wieder recht stürmisch heute. An dem kleinen Tisch vor dem nordseitigen Fenster im Observatorium sitzt Peter Maylechner, der Wetterwart vom Hohen Sonnblick, und trägt geheimnisvolle Ziffern in sein Beobachter-Tagebuch ein.

Damit wäre das Tagewerk wieder einmal getan. Halt, die Windstärke fehlt noch! Die hätte er bald einzufügen vergessen. Dabei kann man den Sturm da draußen doch gar nicht überhören. Windstärke ‚7' hat es tagsüber gegeben, und jetzt um 9 Uhr abends hat er vom Windmesser sogar „9" abgelesen. Was Wunder, daß da bei jedem Stoß die Wände zittern! Sehe sich einer nur einmal an, wie trutzig und verwegen das Haus auf dem steilen Gipfelfelsen aufsitzt! Andere Häuser stehen im Tal und ächzen unter dem Wind. Dieses Haus aber bietet in einer Höhe von 3106 Metern jahrzehntelang allen Stürmen die Stirn.

Peter Maylechner mit seinen sechzig Jahren scheint das alles nicht zu hören. Im Frühjahr sind es zehn Jahre gewesen, daß er als Beobachter auf das Sonnblickobservatorium heraufgezogen ist. Wenn ihn einer fragt, wie er denn das die langen Jahre über habe aushalten können, weiß er selber nicht recht, was er drauf sagen soll. Es ist überhaupt nicht seine Art, viele Worte zu machen. Die Leute, die mit ihm zu tun haben, haben sich nach und nach an seine Art gewöhnt und nehmen ihn eben so, wie er ist. Und er ist nun einmal ein schrulliger Kauz, der alte Peter. Aber das war nicht immer so.

Vor vielen, vielen Jahren, da ist Peter Maylechner einer der lustigsten Burschen drunten in Rauris gewesen. Beim Eisschießen tat es ihm keiner gleich, und wenn es irgendwo hoch herging, der Peter war sicher mit dabei. Dann heiratete er die Anna, die jüngste Tochter vom Brücklwirt, und ein Jahr später war die Resl da, das Kind. Damals war er der glücklichste Mensch auf Erden. In seinem kleinen Häuschen am Ortseingang zimmerte er von früh bis spät, hobelte und leimte, und manch schöne Truhe und viele Betten und Schränke wanderten aus seiner Werkstatt in die Häuser des Tales. Vier Kinder waren es im ganzen, die der Herrgott ihnen geschenkt hatte, und diese vier Kinder, drei Mädchen und ein Bub, wuchsen zu prächtigen Menschen heran. Die Resl, die den Geschwistern um zehn Jahre voraus war, heiratete dann den Loitfellnersohn und wurde Bäuerin auf dem Einödhof. Dann feierten er und die Anna ihre Silberne und waren dabei immer noch ein schmuckes Paar. Im Tischlerhaus war wohl viel Plag, aber auch Glück und Zufriedenheit daheim. Bis dann dieser nebelgraue, fürchterliche November vor dreizehn Jahren kam. Ein böses Fieber wütete im Tal. Kein Mensch konnte sagen, woher es gekommen war und wer es verschuldet hatte. Es war einfach da und warf die Menschen, junge, blühende Leben, grausam in die Betten. Innerhalb von vier Wochen starben den Eltern die drei jüngsten Kinder, eins nach dem andern. Das gab Peters Herzen den ersten Stoß. Als man aber dann nach weiteren vierzehn Tagen auch die Anna, sein treues Weib, zu Grabe trug, da war es mit dem Peter Maylechner vorbei. Einsam und verlassen saß er in seinem leeren Haus. Vergeblich suchte ihn Resl, seine Älteste, zu trösten. Tränenlos starrte er auf das zerbrochene Glück seines Lebens. Er mied jeden Umgang mit den Menschen, sperrte sich in seiner Werkstatt ein und ließ sogar die Burgl, sein Enkelkind, draußen vor der Tür stehen. Er wollte niemanden sehen und mit keinem sprechen.

Der Schmerz um Weib und Kinder fraß sich so tief in sein Herz hinein, daß alle Lebenslust und Wärme daraus vertrieben wurden. Er schickte seinen einzigen Gesellen fort und rührte auch selber kein Werkzeug mehr an. Damals wartete auch er auf den Tod. So wie er war, wäre er auf der Stelle mit ihm gegangen. Aber der Tod wollte ihn nicht haben. Er mußte weiterleben in einer Welt, die ihm nichts mehr bedeutete. Ein Tag legte sich wie der andere als ein schwerer Stein auf seine Seele. Er konnte es nicht mit ansehen, wie die anderen sich weiter freuten, wie sie sangen und spielten. Noch weniger aber konnte er es hören, wenn einer vorüberkam und ihn trösten wollte. Allen war er plötzlich gram geworden, auch dem Herrn Pfarrer, der es gewiß gut mit ihm meinte. Er kam nicht mehr in die Kirche und schlich an den Sonntagen, wenn die Glocken zur Wandlung läuteten, mit seinem Hund durch den steilen Bergwald über dem Dorf. Lian, der treue Bernhardinerhund, war das Letzte, das Peter Maylechner lieb behalten hatte. Vielleicht war auch das nicht Liebe. Aber die beiden hatten sich aneinander gewöhnt, und das Tier schien das Leid und die Verzweiflung seines Herrn mitzufühlen. Es wich keinen Schritt von seiner Seite. An so manchem Abend wühlte Peter seine zitternden Fäuste in wildem Weh in das zottige Fell des Hundes ein.

Sein Herz versteinerte mehr und mehr. Haus und Werkstatt verkaufte er um spottbilliges Geld. Von dem Erlös lebte er länger als zwei Jahre weit hinten im Gaisbachtal in einer einsamen Hütte. Da kam ihm — wie, weiß er heute nimmer — zu Ohren, daß der Sonnblickwetterwart erkrankt wäre und seinen Posten aufgeben müsse. Er überlegte nicht lange, schrieb nach Wien und bot den Herren von der Wetterstation seine Dienste an. Bald darauf kam ein Professor nach Rauris, nahm den Peter Maylechner samt seinem Hund mit hinauf auf den Berg und führte ihn auf dem Observatorium in seine neue Arbeit ein Nach vier Wochen wurde ihm dann die Station anvertraut.

Jetzt war er weit weg von allen Menschen, sah im Winter oft monatelang kein fremdes Gesicht, und seine einzigen Gäste waren die Stürme und der Schnee. Sein Nachbar war der liebe Gott selber, und manchmal war es Peter, als klopfte der Herr an die Tür des Hauses. Ach was, es war gewiß nur der Sturm, der um den Gipfel tobte.

Das Leben in der Einsamkeit tat Peter Maylechner gut. Daran mag doch vielleicht die Nachbarschaft Gottes schuld gewesen sein. Er wurde wieder ein Mensch, lernte das Leben von einer ganz neuen und schaurig schönen Seite kennen und spürte zum erstenmal wieder so etwas wie einen Sinn in seinem Leben liegen. Er wußte: was er hier tat, kam Millionen von Menschen zugute, und aus den trockenen Zahlen, die er niederschrieb und durchs Telefon ins Tal meldete, stellten die Wetterkundigen Tag für

Tag ihre Prognosen zusammen, und fanden Gelehrte neue wissenschaftliche Erkenntnisse. Und wenn auch Sonnblickbesucher gar oft über sein schroffes und unfreundliches Gebaren schimpften, sein Dienst als Wetterwart hat in den zehn Jahren zu keiner Klage Anlaß gegeben.

Mehr als hundert Bergsteigern, die hilflos erfroren oder abgestürzt wären, hat er das Leben gerettet. Er tat das in einer selbstverständlichen Art, die nichts von Dank wissen wollte, so als gehöre das einfach zu seinem Posten als Wetterwart dazu. Immer war er zur Stelle, wenn Hilfe not tat, und er achtete sein Leben gering, wenn es galt, fremdes Leben zu retten. Trotzdem schien es aber, als wäre sein Herz von alldem weit fern, eingesargt in das Leid, das ihn drunten im Tal zu Boden geworfen hatte. Und wie die Bäume im Wald Ring um Ring ansetzen in den Jahren ihres Wachsens, so hat in dieser Eiswüste jeder einsame Winter einen harten Jahresring um sein Herz geschlossen.

Dreimal hat man es versucht, ihm einen Gehilfen als zweiten Beobachter heraufzuschicken. Beim dritten Mal ist er grob geworden. Sie sollen ihn endlich in Ruhe lassen. Er braucht niemanden. Er hat's bisher allein zusammengebracht und wird's auch weiter können. Das fehlte ihm grad noch! Es ist ihm schon zuwider genug, wenn im Sommer die Touristen scharenweise aufs Zittelhaus kommen und ihm dabei einen Besuch abstatten. Fürchterlich neugierig sind sie alle, alles wollen sie wissen, alles soll er ihnen zehnmal im Tag erklären. Heilfroh ist er immer, wenn sie wieder bei der Tür draußen sind. Natürlich verstehen sie ihn nicht, das weiß er schon. Aber soll er jedem seine Geschichte erzählen? Er hat noch zu keinem Menschen von dem geredet, was ihn damals vor dreizehn Jahren niedergeworfen hat.

Wenn ihn einer nicht gleichgültig läßt, dann ist es höchstens Hermann, sein Enkelkind. Er weiß nicht warum, aber sooft er hinunter nach Rauris steigt, drängt es ihn, den Buben zu sehen.

Und wenn er selber nicht viel mit ihm anzufangen weiß, dann läßt er ihm ganz einfach für eine Stunde den Hund und weiß, daß er ihm damit eine Freude machen kann. Die anderen Kinder laufen vor ihm davon, wenn er mit Lian durchs Dorf geht. Es tut doch dem eingerosteten Herzen gut, daß einer stehen bleibt und zu ihm „Großvater" sagt.

Vorige Woche ist er zum letztenmal vor dem Winter drunten im Tal gewesen. Er hat nun alles heroben, was er braucht. Allzuviel ist es nicht, denn so ein Gipfelwetterwart lebt bescheiden. Trotzdem hat er viele Male den Weg und hinunter herauf machen müssen, bis das Zeug für einen langen Winter beisammen war. Seit ihm Leonhard Rubatscher, der Mann seines ältesten Enkelkindes, dabei hilft, ist es etwas besser. Am liebsten aber verläßt er sich auf Lian, der schon manches Holztrumm übern Gletscher heraufgeschleppt hat.

Drei Wochen lang sind zwei Meteorologen aus Wien seine Gäste gewesen. Sie haben im anstoßenden Gelehrtenzimmer gewohnt und waren wohl nicht die schlechtesten. Sie konnten ihn für ihre Arbeiten gut brauchen. Am frühen Vormittag sind sie bei Sturm abgestiegen und haben gewiß noch vor dem Unwetter Kolm-Saigurn erreicht. Ein schönes Trinkgeld haben sie ihm dagelassen und dazu ein Packerl feinen Pfeifentabak. Den muß er jetzt ausprobieren. Zuerst klopft er die Pfeife sorgfältig aus — war schon ein rechter Dreck, den er da geraucht hat — und dann stopft er sie andächtig, wobei ihn der Duft des Tabaks schon voll Verheißung in der Nase kitzelt. Wenn dann die Pfeife qualmt und Lian, vor dem Herd hingestreckt, den süßlichen Duft schnuppert, als wollte er sagen: so hab' ich's gern — dann fühlt sich der Wetterwart Peter Maylechner wie ein Fürst. Sein Reich ist die weite Welt, die Welt der Firne und Gletscher, die erst dort ihr Ende findet, wo im Süden der Triglav und der Monte Duranno und im Norden Hochkönig und Dachstein ihre Felswände in den Himmel heben.

Wenn das Herdfeuer erlischt und das Thermometer unerbittlich zu fallen beginnt, dann ist es für den Wetterwart Zeit, das Bett aufzusuchen. In der Früh heißt es wieder zeitlich aufstehen, einheizen, auf den Turm klettern und das Schalenkreuz des Windmessers reinigen, den neuen Tagesstreifen für den Sonnenscheinmesser einlegen und das Klima von den vielen Instrumenten ablesen. Um sieben Uhr muß schon alles für die erste Durchgabe nach Rauris bereit sein. Von dort geht die Meldung über Zell am See nach Wien. Dreimal am Tag berichtet er durchs Telefon — und dreimal am Tag lautet die Meldung oft grundverschieden. So rasch ändert sich auf den Höhen das Wetter.

Es ist auch heute nicht anders. Während Maylechner ins Bett steigt, zerreißt der scharfe Wind das Gewölk und jagt die Wolkenfetzen weit hinaus in die Nacht. Bevor sich der Alte zur Wand dreht, um endgültig einzuschlafen, sieht er es plötzlich hell durch das Fenster schimmern. Draußen ist die Welt rund um den Gipfel aus dem Schneetreiben des vergangenen Tages wie neugeboren emporgestiegen. Breit fließt das Mondlicht über das weite Eisfeld und hebt die weißen Nachbarberge gespenstisch klar aus dem nächtlichen Dunkel. In der Ferne grollt leiser Donner. Der Sturm hält unvermindert an.

Der nächste Tag ist angefüllt mit Ereignissen. Ein strahlender Morgen zieht im Osten herauf. Bitterkalt ist es, aber der Wind hat nachgelassen. In der Küche des Observatoriums zeigt das Thermometer zwei Grad. Droben auf dem Turm liest Maylechner eine Frühtemperatur von minus zwölf Grad ab. Das Schalenkreuz ist wieder arg vereist und das Hinauf- und Herunterklettern auf den überkrusteten Leitern halsbrecherisch genug. Dann kommt die erste böse Überraschung: Um sieben Uhr sollte die Frühwettermeldung nach Rauris durchgehen — umsonst. Es nützt dem Peter Maylechner gar nichts, daß er einen Fluch in die Sprechmuschel schreit. Am andern Ende hört ihn niemand. Die Leitung ist wieder einmal unterbrochen. Der gestrige Sturmwind,

der Schnee, ein Steinschlag, ein Riß im Kabel — und der Gipfel samt dem Observatorium liegt von aller Welt abgeschnitten da — solange, bis der Wetterwart den Schaden findet und ausbessert.
Gleich nach dem bescheidenen Frühstück macht er sich auf den Weg. Den felsigen Ostgrat, über den die Leitung im obersten Teil führt, hat es wiederum so arg verschneit, daß er harte Arbeit hat, das zwischen den Steinblöcken verklemmte Kabel freizukriegen. Es hat schon Tage gegeben, an denen er bis zum späten Abend vergeblich gesucht und erst am folgenden Tag die schadhafte Stelle gefunden hat. Heute kann er von Glück reden. Am Steilhang des Leidenfrosts, unterhalb des Kleinen Sonnblickgletschers, hängt ein Drahtende frei über dem Abgrund. Hier ist die Leitung gerissen. Der Alte hat alles zur Hand, was er braucht. In einer halben Stunde ist der Schaden behoben.
Heiß ist ihm bei der Arbeit geworden. Auch das Bergaufsteigen läßt kein Kältegefühl aufkommen. Gut zweihundert Meter sind es vorerst bis zur Rojacherhütte, einem kleinen, unbewirtschafteten Berghaus. In dem unversperrten Vorraum hat der Wetterwart einen kleinen Holzvorrat liegen, von dem er jedesmal, wenn er mit seinem Hund vorüberkommt, ein paar feste Scheiter mitnimmt. Das will er auch heute tun.
Noch hat er die Tür nicht erreicht, da steht Lian schon davor und bellt. Das hat etwas zu bedeuten. Er öffnet und bleibt einen Augenblick auf der Schwelle stehen, um sich nach der gleißenden Helle draußen an das Dunkel zu gewöhnen. Der Hund springt an ihm vorbei und kehrt sofort wieder winselnd zu ihm zurück. Da hört er auch schon aus dem Dunkel heraus leises Stöhnen. Hier liegt jemand! Weit reißt er die Tür auf, daß das Licht in einem breiten Streifen über den Boden fällt. Jetzt kann er wahrhaftig einen Mann erkennen. Er ist der Länge nach hingestreckt und sieht arg zugerichtet aus. Schlecht muß er beisammen sein. Kaum daß er etwas den Kopf hebt, als der Wetterwart sich zu ihm niederbeugt. Lian scheint zu spüren, daß man ihn jetzt

brauchen wird. Er drängt sich von der anderen Seite an den Liegenden heran und beschnuppert ihn sorgfältig. Mühsam richtet sich der Fremde von seinem unwirtlichen Lager auf und bittet mit kaum hörbarer Stimme um etwas Wasser. Maylechner reißt die Flasche mit heißem starkem Tee aus seinem Sack und setzt sie ihm an die vor Kälte blauen Lippen. Gierig schlürft der Arme den belebenden Trank, langsam kriecht die Wärme durch seinen erstarrten Körper. Der Alte bringt Schnee herein und beginnt, Arme und Gesicht des andern einzureiben. Dieser erholt sich allmählich und versucht dann, wieder auf seinen Füßen zu stehen. Es gelingt. Er geht einige schwankende Schritte in dem engen Raum hin und her, dann stützt er sich schwer auf die Schulter des Wetterwartes. Der ist ernstlich um ihn besorgt, kann sich aber doch nicht zurückhalten und murrt etwas von einer „saudummen Viecherei", jetzt im November in so einer Verfassung allein da herumzusteigen. Erst nach und nach erfährt er, was sich zugetragen hat.

Der Fremde wollte seinen verspäteten Urlaub zu einem Aufstieg auf den Sonnblick benützen. Trotz Warnung brach er am Nachmittag zuvor von Kolm auf. Unterwegs begegneten ihm die beiden Meteorologen, die ihn abermals warnten. Er aber ließ nicht locker, denn er hoffte, den Gipfel noch vor Einbruch der Nacht zu erreichen. Auf dem steilen Hang des Sonnblickgletschers ereilte ihn dann das Verhängnis. Der Sturm peitschte ihm mit solcher Schärfe die Graupeln ins Gesicht, daß er für einen Augenblick den Halt verlor, ausglitt und Hals über Kopf den abschüssigen Gletscher hinunterrutschte. Durch wildes Umsichschlagen mit dem Eispickel gelang es ihm zwar, dem Anprall an die Felsblöcke am Zungenende mit knapper Not zu entgehen, doch hatte sich im Absturz der Rucksack gelöst und war spurlos im Nebel verschwunden. Jetzt stand er da und hatte die Wahl, entweder den Rucksack zu suchen oder ohne Rucksack die schon nahe Rojacherhütte zu erreichen. Er entschied sich für die Suche nach dem

Rucksack, der ja alles Notwendige enthielt, irrte müde und zerschlagen eine Stunde um die andere am Fußende des Eishanges in Nebel und immer dichter werdendem Schneetreiben umher und mußte schließlich sein Bemühen aufgeben. Mit letzter Kraft stieg er noch einmal über den Sonnblickgletscher hinauf und kam bei völliger Dunkelheit frierend und durchnäßt auf der Rojacherhütte an. Hier verbrachte er ohne jede schützende Hülle die Nacht und hatte nicht mehr die Kraft, am Morgen den Weg fortzusetzen. Daß zur gleichen Zeit die Telefonleitung gerissen war, hatte ihm das Leben gerettet. Kein Mensch hätte ihn sonst hier gefunden.

Der alte Maylechner hört sich die Geschichte an, schüttelt ein paarmal den Kopf und brummt etwas Unverständliches in seinen Bart. Dann zieht er seine Lodenjoppe aus und reicht sie dem Verunglückten. Die wärmt besser als das feuchte Zeug, das ihm am Leibe klebt. Er läßt ihn noch einen tiefen Schluck aus der Flasche tun und begibt sich mit dem Hund auf die Suche nach dem Rucksack. Peter kennt jeden Schritt am Wege, und so war ihm vom Anfang an klar, wo der Rucksack nach der Schilderung zu finden sein müßte. Es währt auch keine halbe Stunde, bis ihn Lian aus dem frisch angewehten Schnee aufstöbert. Das wäre also getan. Jetzt gilt's nur noch, den Mann heil auf die Hütte zu bringen.

Das besorgt in gewohnter Weise der starke Bernhardiner. Sein Herr, der nun den Rucksack samt dem Holz auf der Kraxen trägt, schlingt ihm das Seil um den Leib und befestigt die beiden Enden an seinem Bergstock. Diesen Stock umklammert der Tourist und läßt sich so von dem braven Tier im weiten Bogen über das „Vogelmeier-Ochsenkarkees" — so nennen sie hier den großen Sonnblickgletscher — hinauf zum Gipfel ziehen.

Die Sonne steht im Süden über dem Tramerkopf, als sie droben ankommen. Es geht schon auf Mittag zu. Ein paar dicke Holzscheiter lassen das Herdfeuer prasselnd aufflammen, und bald durchzieht wohlige Wärme die kleine Küche. Maylechner schiebt den Kessel mit heißem Wasser vom offenen Feuer und bereitet das Mittagessen: Schmarrn und Sauerkraut, heute drei große Portionen, für sich selbst, den Gast und den Hund. Der kriegt noch eine verdiente Draufgabe in Form einiger Schafsknochen und eines Zwiebacks. Eine Stange guter Dauerwurst teilt der Tourist redlich zwischen seinen beiden Lebensrettern.

Nach dem Essen befiehlt der Wetterwart seinem Schützling, sofort ins Bett zu kriechen, und führt ihn hinauf in den Dachraum, der über der Küche liegt. Dort wo unten der Herd steht, ist in der Decke eine Öffnung ausgeschnitten, die durch einen Schuber nach Belieben verschlossen werden kann. Peter Maylechner hat den Schuber sofort nach seiner Rückkunft geöffnet, damit die warme Küchenluft in die Dachkammer streichen kann. Grad über diesem Wärmeschacht steht das Bett, in dem der Gast auf strengen Befehl des Hausherrn den Nachmittag zu verbringen hat. Er fällt auch sogleich in einen erquickenden, todähnlichen Schlaf.

Peter atmet auf. Der wäre versorgt. Er hat schon eine lange Unterhaltung befürchtet. Vorschriftsmäßig macht er seinen Rundgang zu den Instrumenten, bemerkt, daß der Luftdruck schon wieder rasch fällt und daß die Feuchtigkeit stark zunimmt, kontrolliert die Sichtverhältnisse und kommt zu dem Ergebnis, daß die Sichtweite von hundert Kilometern in der Früh auf vierzig Kilometer zurückgegangen ist. Von Nordwesten übers Wiesbachhorn gegen den Hochnarr ziehen schwere Haufenwolken daher, und da und dort hängen schon leichte Nebelfahnen an den Gipfelfelsen. Als der Alte alles beisammen hat, gibt er die Zwei-Uhr-Meldung nach Rauris durch. Gleichzeitig meldet er, daß der Alleingänger von gestern glücklich bei ihm angekommen ist. Im Tal hat man sich seinetwegen schon Sorgen gemacht.

Mit dem Feldstecher bewaffnet, von Lian auf Schritt und Tritt begleitet, hält der Wetterwart Rundschau, wie er es mehrmals des Tages zu tun gewohnt ist. Alle Berghänge und Eisfelder sucht er ab, ob sich vielleicht da oder dort etwas Auffälliges zeigt. Da kommt ihm eine Seilpartie ins Glas. Sie taucht vom Grieswiesschwarzkogel herüber auf dem Firnrücken gegen den Hochnarr auf. Er sieht genauer hin und kann deutlich zwei junge Bergsteiger unterscheiden, die rüstig und gewandt dem Hochnarrgipfel zustreben. Die werden's schon schaffen, denkt er. Scheinen ganz tüchtige Kerle zu sein. Nur die aufziehenden Wetterwolken und die herumvagabundierenden Nebelfetzen geben ihm zu denken. Gut zweieinhalb Stunden brauchen sie noch, bis sie zum Sonnblick herüberkommen, falls sie es nicht vorziehen, durchs Fleißtal zum „Alten Pocher" und gegen Heiligenblut abzusteigen. Er wird sie jedenfalls im Auge behalten.

Zwanzig Minuten später ist der Hochnarr schon in dunkle Wolken gehüllt. Das bedeutet nichts Gutes. Der Berg narrt die Leute schon seit alter Zeit. Sie haben ihm nicht ohne Grund diesen Namen gegeben. Er erinnert sich an die Zeit des Goldbergbaues. Der Berg hat die Knappen immer wieder zum Narren gehalten. Und so ist's auch mit dem Wetter. Was von dort herunterkommt, geht selten gut vorüber. Tage hat's gegeben, an denen der Hochnarr von früh bis spät eine Nebelhaube trug, indes rundherum über allen anderen Gipfeln die schönste Sonne lag. Aber wehe, wenn der Berg seine Haube lüftete, dann setzte es allemal etwas ab.

Doch da lösen sich gottlob vom unteren Wolkenrand zwei dunkle Gestalten, die rasch den Südgrat zur Goldzechscharte heruntersteigen. Peter Maylechner schaut auf die Uhr. Halb vier. In einer guten Viertelstunde können sie die Scharte erreicht haben, dann um den Goldzechkopf herum und übers Fleißkees herauf — so müssen sie zwischen fünf und halb sechs Uhr hier ankommen.

Noch immer blickt Peter durchs Glas. Plötzlich sind die zwei wie weggewischt. Er läßt den Feldstecher sinken und sieht, daß

der Gipfel, auf dem er steht, eingenebelt ist. Unablässig wallen die feuchten Schleier aus der Nordwand herauf und ziehen über ihn weg. Jetzt ist es im Haus freundlicher. Er setzt sich drinnen an den Tisch und beginnt mit der Reparatur seiner Bergschuhe, die in letzter Zeit immer mehr schadhafte Stellen aufweisen. Zwischendurch tritt er in Abständen von ungefähr zwanzig Minuten dreimal vor das Haus und gibt mit dem großen Nebelhorn vom Zittelhaus Signal. Je dreimal innerhalb einer Minute versinkt ein klagender Heulton in den Nebelwogen. Das erste und das zweite Mal kommt Antwort zurück, ein langgezogener Jodler. Nach dem dritten Mal bleibt es still. Das ist dem Peter eben recht. Jetzt müssen sie längst hinter dem Goldzechkopf sein, da kann man nichts mehr hören.
Als aber nach weiteren zwanzig Minuten wieder alles ruhig bleibt und auch um halb sechs Uhr keine Antwort kommt, wird er unruhig. Um sechs Uhr packt er Rucksack, Pickel und Seile, winkt Lian und verläßt mit ihm das Haus. Schon weht es recht schneidig über den Grat, und der kaltfeuchte Nebel frißt sich in die Kleider. Peter überfällt eine böse Ahnung: was, wenn die zwei Burschen den Goldzechkopf gar nicht umgangen, sondern etwa versucht haben, die steile und brüchige Nordostwand zu durchqueren? Das ist schon bei Schönwetter eine verteufelte Geschichte, wie dann aber erst heute! Die böse Ahnung läßt ihn nicht mehr los. Auf gut Glück steuert er mit dem Hund der Pilatusscharte zu, dem Einschnitt zwischen Sonnblick und Goldzechkopf. Und wirklich! Kaum hat er die Scharte erreicht, hört er auch schon verzweifelte Rufe von links her aus der Nordostflanke des Berges. Der Wind, der ihn auf dieser Gratsenkung mit doppelter Wucht überfällt, trägt ihm das Rufen so deutlich zu, als befänden sich die Verstiegenen dicht unter ihm. Peter Maylechner gibt Antwort, und es dauert eine geraume Weile, bis er aus den Rufen der anderen entnimmt, daß sie ihn gehört haben.

Er läßt den Hund an einer windgeschützten Stelle warten und klettert vorsichtig den brüchigen Grat hinauf. Die Wasserperlen, die der Nebel an Bart und Kleidern zurückgelassen hat, erstarren zu Eis, und der stoßweise Ansprung des Sturmes ist nicht minder gefährlich als die lockeren Steintrümmer, auf die er den Fuß setzt.
Endlich hat er die Stelle erreicht, die genau über dem Ort zu liegen scheint, der die beiden Bergsteiger gefangen hält. Die Hilferufe kommen jetzt von unten herauf. Es ist keine Zeit zu verlieren, sonst kommt zum Nebel noch die Nacht hinzu. Ein Block scheint ihm fest genug, sich an ihm zu sichern. Dann läßt er sich am Seil langsam in die Tiefe hinab.
Zug um Zug sinkt er ins graue Nichts. An dieser Stelle hängt der Fels über. Er streift mit den Füßen ein schmales Band und gleitet gleich wieder tiefer.
Die Rufe kommen immer näher.
Maylechner bangt um das Gelingen. Dreißig Meter kann er sich abseilen, weiter reicht es nicht. Er atmet auf, als er nach ungefähr zwanzig Metern die Rufe aus nächster Nähe hört und aus dem Nebel die festen Umrisse einer menschlichen Gestalt emportauchen sieht.
Jetzt hat er festen Stand unter seinen Füßen. Schon erkennt er auch, wie nötig hier rasches Handeln ist. Er hätte keine Stunde später kommen dürfen. Dicht neben ihm kauert ein schwarzhaariger, sehniger Bursche, das Seil um den Leib geschlungen. Mit beiden Armen umklammert er eine schmale Felsrippe, den rechten Fuß stemmt er gegen einen Stein. Das Seil ist straff gespannt und verschwindet über einer messerscharfen Felsenkante in der Tiefe. Drei Meter unterhalb hängt der Partner. Er muß, als Zweiter gehend, abgestürzt sein, blieb aber wie durch ein Wunder am Seil hängen. Gewiß hätte er den anderen in den Abgrund mitgerissen, hätte der nicht blitzschnell an der Felsrippe Halt gefunden. Seit zwei Stunden klammert sich nun das Leben

zweier junger Menschen an ein Stück totes Gestein. Seit zwei Stunden frißt sich die Messerschneide der Felskante in die Fasern des Seils. Jede kleinste Bewegung scheuert es weiter durch. Wohl suchte der andere mit blutenden Fingern sich an der Wand festzukrallen, doch brach ein Griff nach dem anderen aus. Die Füße baumeln an einer plattigen Stelle ins Leere.
Es gilt, zuerst den am Seil Hängenden heraufzuschaffen und damit den Kameraden aus seiner verkrampften Lage zu befreien. Peter wirft ihm die Schlingen seines Seiles hinab. Zwei Versuche bleiben erfolglos, beim dritten gelingt es endlich. Peter zieht vorsichtig. Die tödliche Spannung am anderen Seil lockert sich, und in gemeinsamer Arbeit bringen sie den Abgestürzten zuletzt auf das schmale Felsband herauf. Minuten vergehen, bis sich die schmerzliche Verzerrung aus allen Gliedern löst. Gott sei Dank gibt es außer Abschürfungen und kleinen Rißwunden keine ernsten Verletzungen. Der Alte klettert als erster wieder hoch, mit seiner Hilfe kommen die beiden nach. Vom Grat weg schlagen sie die Richtung über den Gletscher ein und lassen die zugige Pilatusscharte links liegen. Mit einem kurzen Pfiff ruft Peter den Hund zu sich heran.
Als sie vor der Hütte stehen, ist es stockdunkle Nacht. Die 19-Uhr-Wetterdurchsage ist heute ausgefallen. Aber das ist in den zehneinhalb Jahren schon öfter vorgekommen. Wohl sitzt er in erster Linie deshalb heroben auf der Hütte, um das Wetter zu beobachten. Die hundert Menschenleben aber, die er bis auf den heutigen Tag gerettet hat, stehen noch über den toten Zahlen, das spürt auch Peter, der nicht allzuviel von den Menschen hält. Es bereitet ihm eine geheime, aber unbändige Freude, dem Tod, wenn er ihm schon damals die liebsten Menschen hat rauben können, ein junges Leben nach dem anderen im letzten Augenblick noch zu entreißen.
An diesem Tage hat er den grimmigen weißen Tod wiederum dreimal besiegt.

Zu später Stunde hat er die drei Geretteten noch bei sich in der Küche sitzen. Ihm ist es nicht um den Dank zu tun, gerade das aber wollen die drei nicht gelten lassen. Was sie ihm sagen und wie sie ihn preisen, das alles kommt ihnen aus dankbarem Herzen.
Der Peter aber wird immer einsilbiger, und als sie es ihm gar zu bunt treiben, fährt er grob dazwischen und schickt sie kurzerhand in die Betten.
So ist er. Er liebt die vielen Worte nun einmal nicht. Für ihn ist das alles so selbstverständlich wie, daß er Peter Maylechner heißt und daß täglich neu die Sonne aufgeht. Er hat seine Pflicht getan und wird sie weiter tun, solange ihm der Herrgott noch die Kraft in den alten Knochen läßt. Er will dem Tod noch manches Schnippchen schlagen. Die Rechnung ist noch lange nicht beglichen.
Durch die Öffnung in der Decke dringen bald die regelmäßigen, tiefen Atemzüge der Schlafenden zu ihm herunter.
Er sitzt noch eine Stunde lang über den verschiedenen Beobachtungsbogen und ergänzt die Eintragungen des abgelaufenen Tages.
In ein altes, halbvergilbtes Heft schreibt er mit ungelenker Hand die nüchternen Worte:
„Vormittag mit Lian einen bei der Rojacherhütte gefunden. Nachmittag zwei aus der Goldzechwand heraufgeholt. War höchste Zeit. Die Schmalznudeln zum Nachtmahl haben ihnen geschmeckt."
Um Mitternacht kriecht auch er müd ins Bett. Wieder ein Tag vorbei, ein Tag wie viele andere. Morgen wird er die Touristen nach Kolm hinunterbringen.
Das Wetter scheint sich nun endgültig auf den Winter umzustellen. Die drei dürften in dem Jahr die letzten Gäste auf der Sonnblickwarte gewesen sein.
Auf Peter Maylechner aber wartet wiederum die Einsamkeit.

DER SONNBLICK RUFT!

Ein neuer Sommer ist ins Land gezogen. Über Rauris spannt sich ein strahlend blauer Himmel. Die Sonne hat auf den Höhen im Osten und im Westen die letzten Schneeflecken in munter sprudelndes Wasser verwandelt, und die Tausende und Millionen Schneeflocken, die monatelang als blendend weiße Decke über die Berghänge vom Grubereck bis zum Kramkogel und vom Roßkopf bis zur Schwarzwand gebreitet lagen, haben längst ihre Reise ins Tal und durch die Ache hinaus ins offene Salzburger Land hinter sich. Weiß Gott, wo in aller Welt, im Inn oder in der Donau oder gar weit drunten im Schwarzen Meer sie sich jetzt herumtreiben mögen. Am Ende hat gar viele von ihnen die Sonne wieder an sich gezogen und schickt sie nun zum zweiten und dritten Male auf den Weg, jetzt als Regentröpfchen, die mit den Wildwässern von allen Seiten dem Dorfe zueilen. Das Rauschen der Bergbäche liegt über den steinbeschwerten Dächern der alten Rauriser Häuser. Es dringt durch Fenster und Türen hinein in die Stuben, und wo ein Kind in der Wiege liegt, wird es zum ersten Schlummerlied, das ihm die Heimat singt. Durch die frühen Lebensjahre der Rauriser Buben und Mädchen fließt ein Bach. Im Winter ein Märchen aus blauem Eis, im Lenz ein donnernder Sturmgesang, im Sommer und Herbst aber ein srpingendes, rauschendes, lachendes Lied.

So sind sie alle: der lärmende Gaisbach, der von der Seebachscharte herunterkommt, der Hüttbach, der am Grubereck entspringt, und auf der anderen Seite der Einödbach, in den vom Hirschkopf und vom Reißrachkopf die Wasserfälle niederstürzen. Und so ist auch die breite, glänzende Rauriser Ache, die sie alle aufnimmt und die es so eilig hat auf ihrer Wanderung durch das Tal, daß du ordentlich laufen müßtest, wolltest du Schritt halten mit den schäumenden Wellen.

Dort, wo sich der Einödbach aus der felsigen Bergschlucht ins

Tal hinaus zwängt, klettert der Wald steil in die Höhe. Die Leute vom Einödhof brauchen durch ihn nur eine Viertelstunde berganzusteigen, dann kommen sie auf einen abschüssigen Wiesenhang, an den rundherum der dunkle Wald grenzt. Dieser Wiesenhang ist dem kleinen Hermann Loitfellner so sehr ans Herz gewachsen, daß er ganz Rauris drum gäbe mitsamt der stolzen Kirche, dem Schulhaus und selbst dem Hof seiner Eltern.

Wer hier oben steht, der sieht — ganz anders als drunten im Dorf — am Talschluß den Sonnblick aufragen. Königlicher ist das Bild hier auf dieser Höhe. Aus der schattigen Tiefe streben die Pfeiler der Sonnblicknordwand kühn empor und tragen das stolze Haupt. Und du siehst auch den schimmernden Mantel ewigen Eises, den der König um die Schultern trägt, breit hervorwallen. Wie die Schleppträger stehen im Hintergrund über dem leuchtenden Gletscher die dunklen Zacken des Altecks.

Schöner hat Hermann noch von keinem Platz im Umkreis des Heimatdorfes den Sonnblick erschaut. Als er einmal mit acht Jahren einer Kuh nachkletterte, die sich verstiegen hatte, gelangte er ohne zu wollen auf diesen Wiesenfleck. Als der Herr Pfarrer in der Schule dann später aus der Bibel vom kleinen Saul erzählte, der „ausging, eine Eselin zu suchen, und ein Königreich fand", da fühlte er sich dem Saul direkt verwandt. Bei ihm ist's halt eine Kuh gewesen, aber sein „Königreich", das war von der Stunde an hier.

Solche Entdeckungen behält man am besten bei sich. Die Großen mit ihren vielen Sorgen und Gedanken verstehen das nicht. Sie lachen einen höchstens noch aus. Nur den Herrn Oberlehrer, der ihnen selbst so oft davon erzählt hat, wie die Bäume und die Steine, das Wasser und der Berg gar keine toten Dinge wären, sondern ein Gesicht hätten und eine Stimme und ihr eigenes Leben — den hat er in sein Geheimnis eingeweiht. Der hat sich darüber gefreut und ist an einem hellklaren Frühlingstag nach der Schule mit ihm heraufgestiegen. Da sind sie dann beide im

Gras gesessen und haben hingeschaut zum Berg. Und dann hat der Herr Oberlehrer so schön von den Bergen zu erzählen gewußt, daß dem Buben das Herz bis zum Hals herauf gepumpert hat. Für eine Stunde waren das nicht der Herr Lehrer und sein kleiner Schulbub, sondern das waren zwei Kinder der gleichen Heimat, die mit leuchtenden Augen an ihrem mütterlichen Herzen träumten.

Man müßte der Herr Oberlehrer selber sein, wenn man alles so wunderschön sagen wollte. Aber versucht hat's der Bub immer wieder, es auch Mariedl so zu erzählen. Und denkt euch nur, Mariedl hat ihn verstanden!

Gleich nach dem ersten Male hat sie zu ihm gesagt:

„Hermann, du bist ja schon beinahe wie ein ganz großer Bub, so schön war es, wie du das erzählt hast."

Seither ist ihm Mariedl der liebste Mensch auf der Welt, sie wird er bestimmt einmal heiraten, wenn er groß ist. Der Herr Oberlehrer ist kein Mädel, sondern ein Mann, den könnte er ja gar nicht heiraten. Aber lieb hat er ihn nicht weniger. Gar, seit der ihn vor acht Tagen, zu Schulschluß, mit noch zwei anderen Buben auf den Bärnkogel mitgenommen hat. Der Bärnkogel, das ist ein leibhaftiger Berg, ein großer, und man muß vier Stunden hinaufsteigen, bis man droben auf dem schmalen Gipfel ankommt. Hermann weiß gar nimmer, wie alle die hundert Berge geheißen haben, die er von dort oben hat überschauen können. Berge, von denen er bis zu dem Tag nur von fremden Leuten gehört und in den Schulbüchern gelesen hatte: Ankogel und Wiesbachhorn, Hochkönig und Dachstein, und der höchste von allen, der Großglockner. Es war wie im Himmel da droben, und er hätte am liebsten gar nimmer heruntersteigen mögen. Der letzte Blick beim Abstieg hat aber doch wieder nur dem Sonnblick gegolten, den er zum Greifen nahe vor sich hat liegen sehen. Und am Abend, als er trotz der Müdigkeit keinen Schlaf finden konnte, da faßte er einen Entschluß. Dieser Entschluß sank immer tiefer und tiefer in sein Kinderherz hinein. Bis heute hat er ihn still mit sich herumgetragen. Jetzt hält er's nimmer aus. Er hat einfach Mariedl bei der Hand genommen und ist mit ihr den steilen Weg hinauf in sein Königreich gezogen.

Da sitzen sie nun Seite an Seite und lassen die Füße über den grasigen Steilhang baumeln, indes der Sommerwind in ihren Haaren spielt. Lange reden sie kein Wort. Nur ein Summen liegt in der Luft wie von wilden Bienen, und drüben auf dem Weideboden muht eine Kuh.

Der Bub weiß nicht recht, wie er beginnen soll.

„Du — Mariedl."

„Was denn?" fragt das Mädchen, das solch geheimnisvolle Einleitungen schon gewohnt ist.

„Schau, der Sonnblick —"

„Ja. Schön ist er heut wieder."

Was hat er denn nur, daß er gar nicht heraus will mit der Sprache?

„Du, ich glaub, das ist wirklich so, das mit den Bergen. Wie der Herr Oberlehrer gesagt hat."

„Was meinst denn, Hermann?"

„Daß die Berge ein Gesicht haben, das einen anschaut. Und das dann auf einmal zu reden beginnt."

„Kannst schon recht haben, Hermann."

Das Mädel rückt näher und starrt unverwandt auf den Sonnblick, als müßte der jeden Augenblick seinen Mund auftun und zu reden anheben.

„Mariedl!"

Der Bub umklammert mit einem festen Druck die Hände des Mädchens.

„Ja, Hermann?"

In die Augen des Kindes tritt ein stilles Leuchten. Das rührt nicht von der Sonne her, das kommt von innen heraus und muß ganz tief in der Seele wohnen.

„Ich muß dir ein großes Geheimnis sagen. Ein ganz großes. Ich sag's nur dir, Mariedl. Sonst niemandem. Und du darfst mich nicht verraten."

„Nein, Hermann, ich verrat dich schon nicht."

Das ist dem Buben zu wenig. „Ehrenwort?"

„Ehrenwort, Hermann!"

Dem Mädchen ist ganz feierlich zumute. Es schüttelt fest die Bubenhand und blickt voll Erwartung auf was denn nun kommen werde.

„Auch dem Vater und der Mutter nicht? Nicht einmal dem Herrn Pfarrer?" vergewissert sich der Bub.

Beteuernd legt Mariedl die Hand auf die Brust:

„Nicht einmal dem Herrn Pfarrer. Gar niemandem, Hermann! Das versprech ich dir."

Der Bub atmet tief. Dann neigt er sich ganz herüber und flüstert mit heißer Stimme:

„Du! Der Sonnblick hat mich gerufen!"

Da schreckt Mariedl doch ein wenig zusammen. Viel hat er ihr ja schon erzählt, der Bub, und geträumt haben sie miteinander von allen möglichen Dingen. Aber das hat sie nicht erwartet.

„Und was hat er dir denn gesagt — der Sonnblick?" fragt sie, und ihre Stimme zittert ein wenig.

„Kommen soll ich! Mariedl! Kommen! Hinauf auf den Berg! Ganz hinauf — zum Großvater!"

Ungläubig mißt das Mädchen mit den Augen die schwindelnde Höhe der Bergwand ab. Wie wollte denn der Bub —! Hastig, als wollte sie den Gedanken abschütteln, wirft sie die Frage hin:

„Weißt du's denn auch ganz sicher, daß es so war? Daß er dich wirklich gerufen hat?"

Der Bub nickt nur langsam, und seine Augen hängen groß und leuchtend an dem fernen Berg.

Da schießen tausend böse Bilder durch Mariedls Kopf. Daß es so ernst wäre, hat sie ja doch nicht geglaubt.

„Und du gehst?"
„Ja, Mariedl. Ich gehe! Morgen schon geh ich, zeitlich in der Früh."
Jetzt ist's mit der Beherrschung des Mädchens zu Ende. Die hellen Tränen schießen ihr über die Wangen. Sie ruft:
„Wenn dir aber was geschieht auf dem Weg! Er ist ja so weit und gefährlich."
Der Bub beutelt den Kopf, daß ihm die dunklen Haarlocken um die Stirn fliegen.
„Es geschieht mir schon nichts. Und weit ist es gar nicht. Aber schön! Schön ist es, Mariedl! Wunderschön muß es sein!"
Das Mädel schaut einmal auf den Hermann und dann wieder auf den Berg. Unter Tränen sagt sie:
„Ja, schön ist es, Hermann, das schon. Sehr schön. Aber ich fürcht mich so."
„Du bist eben ein Dirndl", meint der Bub, „alle Dirndl fürchten sich. Aber ich bin ein Bub und groß genug, ich fürcht mich nimmer!"
Und dann redet er auf das Mädchen ein. Daß es nun einmal unverrückbar feststünde: morgen früh wolle er sich auf den Weg begeben. Heimlich, ohne daß jemand etwas wisse.
„Ich halt es einfach nicht mehr aus, Mariedl. Seit vorigem Herbst ist der Großvater nicht mehr herunten gewesen. Ich muß zu ihm hinauf! Es ist doch mein Großvater, warum sollte ich denn da nicht zu ihm dürfen! Die anderen mögen ihn nicht und sagen, man kann mit ihm nichts reden. Aber das ist nicht wahr. Der Großvater ist gut, und ich hab ihn gern. Und morgen geh ich zu ihm!"
„Aber schau doch, Hermann, wie weit drinnen der Sonnblick steht! Du mußt zuerst an zehn anderen Bergen vorüberlaufen, bis du überhaupt hinkommst. Und dann fängt erst das Schwerste an!"
Was die Mariedl daherredet! Grad darauf ist er ja so stolz: daß

der Sonnblick nicht so dasteht an der Straße wie irgendein ganz gewöhnlicher Berg. Wie hat doch der Herr Oberlehrer damals so schön gesagt? Und er hat's ja der Mariedl auch schon so oft erzählt:

Der Sonnblick, das ist der König der ganzen Rauris seit uralter Zeit. Zu einem König aber hat nicht jeder ohne weiteres Zutritt. Wenn man in den Palast eines Königs will, dann muß man erst über breite Stiegen und über lange Gänge und durch viele Zimmer schreiten. Und im letzten hohen Saal, ganz hinten in dem Palaste, da sitzt dann der König auf seinem goldenen Thron. Grad so ist es hier: Zu beiden Seiten des Tales stehen die stolzen Bergriesen. Sie grüßen und sagen: Nur weiter, weiter! Wir sind es nicht, wir sind nur die Diener! Wie ein Thronwächter aber stellt sich dann der edle Ritterkopf in den Weg und öffnet erst die letzte Pforte. Dann tritt man vor den König hin und erblickt ihn in seiner ganzen Majestät. Und nur zögernd geben die Wolken den Blick frei auf die höchsten Spitzen seiner Krone. Wie könnte es denn anders sein?

Und das alles soll er morgen selber erleben! Es ist ja fast nicht zu glauben, er, der elfjährige Bub, von dem alle sagen, er wäre noch viel zu klein für solche Dinge. Aber er wird es ihnen schon zeigen.

Dem Mädchen hat er noch viel erklären müssen, bis es ruhig geworden ist. Ganz ruhig kann es wohl nimmer werden. Vom ersten Augenblick an beginnt es das Geheimnis schwer zu drücken.

Bevor die beiden den Weg hinunter gehen, nimmt der Bub das Mädel noch einmal bei der Hand und sagt:

„Den schönsten Bergkristall, den ich oben find, bring ich dir. Und gelt, Mariedl, wenn ich einmal groß bin, dann heirat ich nur dich."

Darauf weiß nun Mariedl rein gar nichts mehr zu sagen. „Dummer Bub, du!" meint sie halb lachend, halb weinend. Dann hat sie redliche Mühe, dem Buben zu folgen, der schon weit voraus den steinigen Waldweg hinunterläuft.

Über der Rauris lagern die Frühnebel. Auf den Viehweiden, Wiesen und Äckern zu beiden Seiten der Ache sind die feuchtgrauen Schleier ausgebreitet. Bevor noch die aufgehende Sonne aus dem Gaisbachgraben hervor mit ihren Strahlen die schlanke Kirchturmspitze trifft, wandert der Loitfellnerbub auf der Straße nach Wörth. Hier teilt sich der Weg. Hermann wirft einen flüchtigen Blick hinein ins Seidlwinkltal, durch das vor einem Jahr Mariedl mit Leonhard heruntergekommen ist. Dann eilt er weiter auf Bucheben zu, das letzte Pfarrdörfl im Tal.
Jetzt beginnt der Weg scharf anzusteigen. Tief unten zur Linken rauscht die Ache. Vom anderen Ufer leuchten die weißgetünchten Mauern der Kirche und des Pfarrhofes, die ganz allein wie eine Burg hoch über dem Talgrunde stehen. Zum letzten Mal dreht sich der Bub um. Von hier aus kann er noch sein Heimatdorf erblicken. Schuldbewußt kommt er sich vor, wie er so mit den Augen von daheim Abschied nimmt. Dort ahnen sie noch nichts von seinem Vorhaben, nur Mariedl wird an ihn denken.
Vom Buchebener Kirchlein tönen ihm die Frühmeßglocken entgegen. Bergauf und bergab zieht sich das Straßl am Berghang hin. Beim Frohnwirt trifft es wieder auf die Talsohle. Eine Holzbrücke führt über die Ache, die hier hart am Haus vorüberschießt und arg wild aussieht. Die Ache ist das einzige, was ihn jetzt noch mit daheim verbindet. Einen Augenblick bleibt er am Brückengeländer stehen und schaut den jagenden Wellen nach. Wenn er ein Holzstück oder sonst etwas als Gruß hineinwerfen tät, das könnte Mariedl in einer guten halben Stunde wohl schon herausfischen, wenn sie das junge Kalb zur Ache auf den Weidplatz führt ...
Dann aber versinken alle Erinnerungen an Rauris und den Einödhof mehr und mehr in dem neuen, herrlichen Bilde, das sich

vor seinen Augen auftut. Umrahmt vom Ritterkopf, der jetzt unmittelbar vor ihm steht, und vom Silberpfennig, den er bisher nur von der Schule her kannte, versperren mit ihren leuchtenden Gletscherrücken Schareck und Herzog Ernst das Tal. Dieses prachtvolle Bild vor Augen, wandert sich's mühelos leicht. Er kann es gar nicht glauben, daß er beim Bodenhaus schon dreihundert Meter gestiegen ist und daß schon drei Stunden vergangen sind, seit er von daheim fort ist. Von Touristen, die ihm aus der Gasthoftür verwundert nachblicken, erfährt er, daß es bereits neun Uhr ist.

Er hat keine Zeit zu verlieren. Jetzt darf er noch nicht rasten. Nur weiter! Jede Spur von Müdigkeit verschwindet, als nach wenigen Minuten mit einem Schlag hoch über den dunklen Fichten der Sonnblick selber in den Himmel ragt. Bescheiden ist der Ritterkopf zur Seite getreten. Mit glühenden Wangen betritt der Bub das eigentliche Reich des Königs.

Ist das schon der Zauberwald, der ihn da aufgenommen hat? Grüngraues Dämmerdunkel umhüllt ihn. Undurchdringlich und unberührt wie am ersten Schöpfungstage wuchern Moos und Riesenfarne zwischen den hohen Stämmen. Steinig und steil klettert der Karrenweg immer tiefer in den Bergwald hinein. Hunderte Jahre müssen diese Baumriesen alt sein. Wie der Kirchturm so hoch streben sie hinauf zum Himmel. Von dem kann Hermann freilich nur ab und zu ein blaues Stückerl erhaschen, so dicht stehen die Fichten nebeneinander. Lautlos still ist es ringsum, so still wie nicht einmal in der Kirche während der Wandlung. Es ist auch, als ob leise die Orgel spielte, denn das Rauschen unzähliger Wasserfälle klingt wie ein schwermütiger Choral aus der Höhe. Da und dort zittert ein Sonnenflecken über der grünwuchernden Wildnis. Wenn hier jemand haust, dann können es nur Waldgeister und Zwerge sein. Grad unheimlich sieht es aus, wie von den dürren Ästen an den Stämmen lange, dichte Flechten grauversponnen niederhängen gleich wehenden Vorhängen, die den Zutritt zu geheimen Kammern verwehren. Der Bub bemüht sich, ganz leise aufzutreten. Jedesmal, wenn er mit den derbgenagelten Schuhen an einen Stein stößt, meint er schon, es müßten die dichten Spinnwebenschleier auseinanderfallen und der Beherrscher dieses Zauberreiches müßte ihm entgegentreten, um ihn für das frevelnde Eindringen in sein Reich zu bestrafen. In einem Schulbuch hat er gelesen, der Wald wäre der Wasserspeicher der Berge und ihre schützende Decke. Der Herr Oberlehrer aber hat gemeint, der Wald wäre noch viel mehr, er wäre das Märchen selber, schaurig und schön.

Es sieht in der Tat so aus, als setzte der elfjährige Bub Hermann Loitfellner aus Rauris als erster Sterblicher seinen Fuß in diese Wildnis. Einmal hört die Steigung auf, und der Weg führt eine ebene Strecke zwischen den Bäumen hin, die hier einen langen schmalen Himmelsstreifen freigeben. Durch diesen Spalt aber scheint die himmelhohe Wand des Sonnblicks auf den Waldweg niederzustürzen. So nahe ist er also schon an den Berg herangekommen.

Eine halbe Stunde später steht er mitten im engen Talkessel von Kolm-Saigurn und ist überwältigt von dem Anblick wie jeder, der zum erstenmal im Leben diesen Erdenfleck betritt. Donnernd stürzen von allen Seiten die Wasserfälle auf den Almboden. Das vielstimmige Tosen mischt sich zu einem mächtigen Akkord. Wild ragt die Sonnblicknordwand zum Himmel hinauf, und ganz droben in schwindelnder Höhe klebt das Zittelhaus mit dem Observatorium. Zur Rechten wuchtet die eisgepanzerte Flanke des Hochnarrs empor. Man muß kein kleiner Bub sein, der von daheim durchgebrannt ist, um im Angesichte dieser überwältigenden Herrlichkeit ganz demütig und klein zu werden.

Bei den alten Knappenhäusern sieht Hermann Touristen stehen. Denen will er lieber nicht begegnen, um unnötigen Fragen auszuweichen. Freilich weiß er, daß erst die Hälfte des Weges hinter ihm liegt und daß es noch gut fünf Stunden dauern wird, bis er den Gipfel erreicht hat. Die Sonne brennt heiß nieder. Es kann nicht mehr viel auf Mittag fehlen. Daheim wird die Mutter vielleicht schon die Schüssel auf den Tisch stellen ... Der Magen knurrt und will sein Recht haben, und bleierne Müdigkeit kriecht plötzlich durch alle Knochen. Ein Stück will er noch hinauf und dann irgendwo an einer geschützten Stelle seine Butterbrote aufessen, die ihm Mariedl heute früh heimlich in die Taschen gestopft hat.

Nach kurzem Suchen kreuz und quer findet er den bezeichneten Steig hinauf zum Neubau, der ersten Schutzhütte, die am Weg zum Gipfel liegt. Arg steil kommt ihm das erste Wegstück vor, und die Sonne kennt kein Erbarmen. Eine Ewigkeit dünkt es ihn, bis er endlich am Fuße eines Wasserfalles anlangt, der wie ein wallender Brautschleier von den glitzernden Felsen herunterhängt. Das müßte der Barbarafall sein, soweit er es aus den Erzählungen Leonhards noch im Sinn behalten hat. Abseits vom Wege findet der Bub eine willkommene Stelle. Dort wirft er sich der Länge nach zwischen Steinblöcken und glühenden Almrosenbüschen hin, verschlingt die zwei großen Butterbrote und wehrt sich vergeblich gegen den Schlaf, der ihn überfällt.

Inzwischen wandert die Sonne am Himmel ein gutes Stück weiter, und drüben auf dem ausgetretenen Pfad zieht die letzte Bergsteigergruppe vorüber, die heute noch das Zittelhaus auf dem Sonnblickgipfel erreichen will.

Hermann weiß nichts davon. Er kämpft im Traum mit Drachen und wilden Tieren, und immer wieder ist es ein unheimlich dunkler und dichter Wald, der ihm zu schaffen macht. Als die Sonne hinter den hohen Wasserfallfelsen verschwindet, wird es mit einem Schlag empfindlich kühl.

Der feine Wasserstaub, den die Luft vom Barbarafall herüberweht, weckt den Buben aus seinem Mittagsschlaf. Erschrocken fährt er auf. Die Sonne ist weg! Wie hat er nur so lang schlafen können! So schnell ihn die Füße tragen, klimmt er zwischen den Latschen bergan und bleibt erst stehen, als er die Sonne wiedersieht und erkennt, daß es gottlob kaum später als drei Uhr am Nachmittag sein kann.

Oben am Neubau biegt der Weg scharf nach rechts ab, gradaus auf die Nordwand des Berges zu. Er überquert die alte Bremsbahn, auf der früher einmal die golderzbeladenen Wagen von den hochgelegenen Stollen herunterfuhren. Jetzt liegen alte, verrostete Schienenstücke und zerbeulte Rollwägelchen zwischen den Gesteinstrümmern umher. Fünfzig Meter unterhalb, am Ende des Bahndammes, ragt das verfallene Gemäuer einer Ruine auf. Niemand würde heute in ihr das stolze Radhaus wiedererkennen, von dem aus der Aufzug des Goldbergwerkes betrieben wurde. Heute blickt der Himmel durch ein leeres, riesiges Spitzbogenfenster, daß man meinen könnte, es wäre in dieser Bergeinsamkeit vor undenklichen Zeiten eine Kirche gestanden.

Der Bub überquert den Gletscherbach auf einer festen Schneebrücke, unter der gurgelnd und schäumend das Wasser durchschießt, ehe es in die Tiefe fällt. Über Schroffen und wilde steinerne Stufen klettert Hermann auf der anderen Seite empor. Endlos zieht sich der Weg den steilen Hang hinauf. Das ist der dunkle Felsenbuckel, der von Kolm aus so mächtig breit dem Gipfel seitlich vorgelagert scheint, daß sie ihn den „Kleinen Sonnblick" nennen. Von links streckt in weitem Bogen bis tief zu seinen Füßen das Vogelmeier-Ochsenkarkees seine schmutziggraue Zunge hinter dem Berg hervor. Drüben, über dem Gletscherboden, sieht Hermann wieder ein verfallenes Knappenhaus. Diese leblosen Zeugen einer versunkenen großen Zeit mögen noch so eindringlich an die Vergänglichkeit alles menschlichen Tuns mahnen, der Bub achtet ihrer kaum.

Das aber fällt auch ihm auf, daß nun der Himmel sein lachendes Gesicht in schwere Falten gelegt hat. Dunkle Gewitterwolken haben sich hinterm Rauriser Tal über das Steinerne Meer geschoben. Bis hoch herauf in den Zenith überzieht ein Wolkenschleier den eben noch klarblauen Sommerhimmel. Das Schareck und die Gipfel im Norden und Osten hüllen sich in Nebel. Es wird rasch kälter. Vom Tal herauf pfeift plötzlich der Wind über die Felsen. Irgendwo in der Ferne rollt ein Donner. Das treibt Hermann zur Eile an. Da endlich hat er den Kleinen Sonnblickgletscher erreicht, der aus der Nordflanke des Berges seitlich steil abfällt. Er tritt in die tiefen Fußstapfen der Touristen, die vor ihm heute den gleichen Weg gegangen sind, und ist heilfroh, daß er auf diese Weise bequem und sicher die zwei abschüssigen Gletscherzungen hinter sich bringt. Über den Felsenrücken, den er nun hinaufturnt, faucht der Wind, als wolle er den Eindringling zurückschleudern. Hätte Hermann nicht soeben glücklich die kleine Rojacherhütte erreicht, er wäre heute zum ersten Male richtig verzagt.

Aber was nun beginnen? Soweit er bei dem dichter und dichter aufziehenden Nebel sehen kann, türmen sich unmittelbar vor ihm die Gratfelsen übereinander. Über sie führt der kürzeste Anstieg zum Gipfel. Links davon verschwimmt die Eisfläche des Vogelmeier-Oschenkarkeeses mit den Nebelwolken zu einem einzigen grauwogenden Meer. Noch ist es aber heller Tag, und irgendwo über der Nebeldecke muß die Sonne scheinen. Das beruhigt Hermann etwas und gibt ihm nach und nach seine kindliche Unbekümmertheit wieder. Den Versuch, über den steilen Grat hinaufzuklettern, gibt er allerdings nach einer Viertelstunde auf. Kaum hat er nämlich die erste ausgesetzte Gratstelle betreten, springt ihn der Sturmwind heulend an, daß er beinahe umfällt. Die Ncbelschwaden, die er aus der Tiefe des Nordabsturzes herauf vor sich herjagt, pressen sich wie nasse Tücher an des Buben Leib. Er hebt hilfesuchend den Kopf. Die schmale Felsentreppe, die er da zu erklimmen hat, scheint geradeaus in den Himmel hineinzuführen.

Da packt ihn die Angst. Nur weg von dem entsetzlichen Grat! Hier ist er jedem Unwetter ausgesetzt. Lieber steigt er vorsichtig auf den großen Gletscher ab, von dem er allerdings jetzt nur noch den äußersten Rand sehen kann. Alles andere hat der graue Nebel verschluckt. Er wird trachten, über das Ochsenkarkees den Gipfel zu erreichen. Die halbe Stunde Umweg kann er sich leisten. Er kommt dann immer noch rechtzeitig vor Einbruch der Dunkelheit hinauf auf den Berg.
Hermann! Hermann! Du bist noch so jung. Weißt nichts von den hundert Gefahren, die dich auf dem Eise umlauern. Weißt nicht, wie hilflos der kleine Mensch gerade im Nebel dem Schicksal ausgeliefert ist. Hast noch keine Ahnung davon, wie Nebel und Schnee selbst erfahrene Bergsteiger zu narren vermögen. Du setzt deinen Fuß auf die weißschimmernde Fläche, und es ist nicht anders, als vertrautest du ein steuerloses Boot den Wellen des Meeres an.
Kinder haben zehn Schutzengel, heißt es. Du wirst jetzt alle zehn Engel brauchen, daß sie dich sicher über die lauernden Klüfte tragen, die sich blauschillernd unter der trügerischen Decke des Neuschnees verbergen.
Er ist ja doch noch ein rechtes Kind mit seinen elf Jahren. Ahnungslos stapft er durch die weiße Wüste und meint, wenn er nur immerzu gradaus bergan stiege, müsse er unweigerlich Gipfel und rettendes Haus erreichen.
Das Gehen über den Gletscher macht rasch müde. Tief sinkt der Fuß bei jedem Tritt ein. Hermann muß oft stehenbleiben und verschnaufen. Gott sei Dank hat der Wind nachgelassen, und der Nebel, der sich ihm am Anfang wie eine feuchte Lawine entgegengewälzt hat, lagert jetzt träg und schwer auf dem Boden. Langsam wird es dunkler. Ist das nur, weil der Nebel stärker wurde, oder ist das schon der einbrechende Abend? Hermann tröstet sich damit, es wäre nur der Nebel. Aber schaurig ist es doch. Diese Einsamkeit... Als ob man allein auf der Welt

wäre —! Aber nein! Gott sei Dank ist ja da noch der Großvater! Gar weit kann's nimmer sein. Auf einmal wird das Haus vor ihm aus dem Nebel auftauchen und Lian wird ihm bellend entgegenspringen ...

Da zuckt rechter Hand ein Blitz auf, daß der Bub zusammenfährt. Rasch beginnt er zu zählen. Bei „zwölf" setzt erst der Donner ein, das Wetter ist also noch nicht hier. Aber gruselig ist's doch. Jetzt reiht sich Donner an Donner.

Nur das Wetter soll nicht näherkommen, denkt der Bub und schlägt ein Kreuz, wenn der Blitz gar grell niederzuckt. Dabei macht er ein kindliches Gelöbnis: beim nächsten Krippenschauen zur Weihnachtszeit, bei dem jeder seinen Buttermodel opfert, wird er einen extragroßen bringen, er ganz allein. Und dem Vater und der Mutter wird er bei jeder Arbeit helfen und nie wieder davonspringen, wenn er spürt, daß sie ihn für etwas brauchen.

Alle die guten Vorsätze und Versprechen, die der Bub in seinem Nebelgefängnis macht, können das Schutzhaus und den Großvater nicht herbeiziehen, doch sie können vielleicht auf den lieben Gott einwirken, daß er ein Wunder geschehen läßt und Hilfe schickt ...

Da sieht er es dunkel vor sich aus dem Boden steigen. Er steht davor und erkennt, daß es eine breite Spalte ist. Eine dunkle Eiskluft, die sich vor ihm auftut. Bald kommt er an eine zweite und an eine dritte heran. Das trübt sofort die kleine Freude darüber, daß der Gletscher nun weniger steil geworden ist.

Er wagt sich jetzt nur noch langsam vorwärts, ganz langsam, er überlegt jeden Schritt, den er tun will. So ist aber kein rechtes Weiterkommen. Vor den Augen flimmert es. Von Zeit zu Zeit muß er sich niedersetzen und die Augen schließen. Da fährt ihm ein neuer Schrecken durch die Glieder: er wäre beinahe eingeschlafen! Nur das nicht! Um Himmels willen wach bleiben und die Augen aufreißen, wenn sie auch noch so brennen! Es kann nimmer weit sein. Vielleicht nützt es etwas, wenn er ruft. Er legt die Hände an den Mund und schreit, so laut er kann:

„Großvater!"

Wie das klingt! Schaurig, wenn man sich selber so rufen hört! Als hätte der Nebel den Schrei verschluckt.

Noch einmal versucht es der Bub, und das zweite Mal schwingt schon die Furcht zitternd in der Stimme mit. Das Weinen ist ihm dabei recht nahe.

„Groß—va—ter—!!"

Angespannt horcht er, ob von irgendwoher eine Antwort kommt. Nichts. Still ist es wie auf einem Kirchhof. Der Nebel steht wie eine graue Wand vor den Augen, an ihr zerbricht jeder Ruf. Und diese Wand wird zusehends dunkler.

Die Wangen des Buben sind naß. Aber das ist nicht mehr der Nebel, das sind Tränen, die langsam und unaufhörlich drüberrollen. Und mit einemmal kommt ihm zum Bewußtsein, wie unvorsichtig er war. Ja, daß es vielleicht eine große Sünde ist, so von daheim durchzubrennen und auf einen Dreitausender zu laufen. Wie, wenn Gott ihn nun dafür strafen wollte? War das nicht bloß Einbildung gewesen, daß der Berg ihn gerufen hatte? Er will ihn ja gar nicht hier haben! Er stößt ihn ja knapp vor dem Ziel grausam zurück! Darf denn wirklich nur der Großvater hier oben leben?

Das Herz klopft dem Buben zum Zerspringen. Wirre Gedanken wirbeln ihm durch den Kopf. Aber jetzt ist es zu spät. Zu allem zu spät. Der Sonnblick hat ihn gefangen und läßt ihn nimmer los. Er hat sich verirrt, auf dem weiten Gletscher verlaufen. Er weiß keinen Rat mehr. Und doch muß irgendwo hinter der Nebelwand der Großvater sein und die Hütte und die Menschen, die heute alle vor ihm auf den Berg gestiegen sind! Schlafen hätte er nicht dürfen zu Mittag, dann wäre er rechtzeitig droben gewesen, ehe noch der böse Nebel einfiel. Aber freilich: zehn Stunden laufen, das hätte er auch nicht durchgehalten. Zu Hause bleiben! Das ist es! Gar nicht fort hätte er dürfen! Er ist selber an allem schuld. Selber schuld, wenn er jetzt — sterben muß.

Sterben! Das ist für das junge Bubenherz doch zuviel. Weinend sinkt er in die Knie und faltet die Hände und fängt zu beten an. Es hat nicht viel Sinn, was er da zusammenredet; alle die Gebetsworte, die man ihn gelehrt hat, geraten mit dem arg durcheinander, was sein geängstigtes Herz dazwischenruft. Und doch hat der Bub noch nie so innig und heiß gebetet, wenn er drunten in der Rauriser Pfarrkirche kniete.

Dann wird ihm ein bisserl leichter. Vielleicht, daß es der liebe Gott gehört hat. Langsam und schwer stapft er weiter. Immer bergan, immer geradeaus. Solange es eben noch geht.

Ganz dunkel wird es schon.

Da — ein Schrei! Der Gletscher hört auf! Große Felsblöcke versperren den Weg. Das ist der Gipfel! Das muß er sein! So schnell hat also Gott das Gebet erhört. Eine heiße Freudenwelle schießt durch das Kind.

Wankend — die Hoffnung, das Ziel erreicht zu haben, verleiht dem müden Körper letzte Kraftr — sucht Hermann zwischen den Steintrümmern einen Weg, der zur Höhe führt. Durch dieses wirre Durcheinander scheint es keinen Pfad zu geben. Hermann schleppt sich nach links und rechts zwanzig, dreißig Schritte weit und sucht. Vergeblich. So steil und wild sieht es aus, wenn er einen Block erklettert hat und nach oben Ausschau hält, wie es nun weiterginge. Nein, das kann der Sonnblickgipfel nicht sein. Wer weiß, wo er sich befindet. Das hier ist der Gipfel nicht. Ganz schwarz wird ihm vor den Augen.

Willenlos läßt er sich wieder an den Gletscherrand hinuntergleiten. Er kann nicht mehr weiter. Hier muß er bleiben. Und wenn's zum Sterben wäre — — —

Im letzten, verlöschenden Licht des Tages glitzert etwas geheimnisvoll aus dem Dunkel. Suchend tastet die Bubenhand über den Rand einer schmalen Felsenspalte hin und fühlt etwas Glattes,

Scharfkantiges zwischen den Fingern. Ein Kristall! Da fällt ihm das Versprechen ein, das er Mariedl gegeben hat. Mit beiden Händen zerrt er an dem glitzernden Ding, bricht es vom Mutterstein los und drückt es fest an sich.
Bei dem Gedanken an Mariedl überfällt ihn tiefe Traurigkeit. Er wird sie nie wieder sehen. Er wird heroben auf dem Berg sterben, und Mariedl wird später einmal einen anderen heiraten müssen. Daheim werden sie jetzt alle in der warmen Stube beisammensitzen. Ob Mariedl etwas verraten hat? Ob sie's wissen werden, daß er heroben auf dem Berg sterben muß ...?
Noch einmal beugt er den Kopf weit zurück und ruft mit allerletzter Kraft:
„Groß—va—ter—!!"
Dann zieht er die Knie hoch und lehnt den Kopf an einen glatten Stein. Die Hände, die den Bergkristall umklammert halten, ruhen schwer im Schoße. Jetzt ist es gar nicht mehr so schlimm, das Sterben. Vielleicht tut es noch weh. Jetzt ist ihm eigentlich recht wohl zu Mute, endlich ausruhen zu können nach dem endlosen Herumirren im Schnee. Nur ein wenig kalt ist es noch.
Schlafen, jetzt — schlafen — —! Er ist ja so müd — — Großvater — — —
Tiefer noch als die Nebel fallen die Schleier der Nacht auf das schlummernde Kind.

Zur gleichen Stunde begibt sich drunten in Rauris der Bergführer Leonhard Rubatscher, Schwiegersohn des Einödbauern, auf den Weg, Hermann, den Jüngsten vom Hofe, zu suchen.
Und das ist so gekommen:
Kaum war der Bub in der Früh unbemerkt aus dem Haus entwischt, da stiegen auch schon Mariedl, die als einzige davon wußte, schwere Bedenken auf. Wenn nur das alles kein böses Ende nimmt! Diese Angst wird sie nicht los. Sie hätte ihn doch

zurückhalten oder wenigstens in der Nacht dem Bauer und der Bäuerin alles verraten sollen, die hätten dem Hermann schon den Kopf zurechtgesetzt. Dann wär aber der Bub bitterbös auf sie gewesen — und sie hat ihm doch ihr Ehrenwort gegeben, daß sie's keinem Menschen sagen werde. Ist schwer zu halten, so ein Ehrenwort, und von Stunde zu Stunde wird's noch schwerer.

Am Vormittag hielt es das Kind nirgends lange aus. Nicht in der Küche und nicht im Stall, nicht bei den Hühnern und nicht im Küchengarten neben dem Haus. Und als sie nach dem jungen Kalb sehen sollte, ob es nicht wieder durch ein Loch im Zaun auf den Gemeindegrund hinübergeschlüpft wäre, da lief sie, einer plötzlichen Eingebung folgend, als könnte sie im nachhinein noch etwas gutmachen, so schnell sie nur konnte, hinüber ins Dorf.

Noch nie ist ihr die Straße vom Brücklwirt bis zum Kirchenplatz so lang vorgekommen. Die Angst und das schlechte Gewissen und die Julisonne trieben der Kleinen das Wasser aus allen Poren. Schweißgebadet betrat sie das hochgewölbte Gotteshaus. Angenehme Kühle umfing sie.

Zwischen den Bankreihen trippelte sie bis zum Hochaltar vor. An der Kommunionbank ließ sie sich nieder.

„Lieber Gott! Bitte, laß den Hermann wieder gut nach Hause kommen!" Das war ihr einziges Gebet, und dazwischen schob sie ein Vaterunser um das andere.

Wie sie beim Beten so die Heiligen Drei Könige auf dem Hochaltarbild betrachtete, kam ihr der Gedanke: so einen Stern könnt' der Hermann heute auch brauchen, damit er den Weg sicher hinauf fände zum Großvater ...

Eine geraume Weile mochte sie schon gebetet haben, da wurde ihr plötzlich kalt und es schüttelte sie. Mit der Schürze wischte sie den Schweiß von der Stirn. Dann bog sie noch den Kopf zurück und schickte ein letztes Stoßgebet hinauf zu St. Barbara und Rupertus, die auf dem Bild hoch droben am Gewölbe den Sonnblick schützen. Auf dem Bild sind zwar nur Bergknappen vor ihren Stollen zu sehen, aber den lieben Heiligen wird's ja nichts ausmachen, wenn sie noch einen elfjährigen Buben mit unter ihren Schutz nehmen.

Bevor sie durch das Seitentor die Kirche verließ, vergaß sie nicht, auch noch den hl. Nikolaus, der als Patron des Goldbergbaues über dem Eingang steht, in die Schar der angerufenen Nothelfer miteinzubeziehen. Und damit nicht vielleicht gar der Geist des Rojacher Naz, von dem sie allerhand tolle Stücklein hatte erzählen hören, den Buben da droben schrecken könne, tauchte sie die Finger recht tief in den Weihbrunn und besprengte sein Grab, das nahe der Kirchentür liegt.

So schnell wie sie gekommen war, lief sie dann den Weg nach Hause zurück.

Beim Mittagessen schimpfte der Bauer mordsmäßig über den Mistbuben, der sich wieder einmal draußen herumtreibe, statt zur rechten Zeit daheim zu sein. Ob ihn am Vormittag jemand gesehen habe? Nein, keiner. Mariedl schüttelte nur ihr blondes Köpfl und steckte die Nase ganz tief in den Teller. Zu Mittag wird er in Kolm sein, hat er ihr gestern gesagt. Wenn das die anderen wüßten!

Am Nachmittag mußte das Mädchen immer wieder zum Sonnblick schauen. Alles, was man ihr anschaffte, machte sie verkehrt. Und kalt war ihr mitten am schönsten Sommertag.

Das heißt: gar so schön schien der Tag nicht bleiben zu wollen. Irgendwo hinter den Bergen grollte der erste Donner. Es hatte wohl an hundert Tagen zuvor schon weitaus stärker gedonnert — aber noch nie war das Kind so zusammengefahren wie diesmal. Die Bäuerin bemerkte es. Schon zu Mittag war ihr aufgefallen, daß mit Mariedl etwas nicht in Ordnung sein müsse. Sie legte prüfend die Hand an die Stirn des Mädchens. Die fühlte sich brennheiß an. Wird doch nicht krank werden, das Kind...

Schließlich hatte sie es liebgewonnen, seit es im Haus war, als wär's ihr eigenes.

Als gegen vier Uhr im Norden des Tales eine düstere Wolkenwand sich aufbaute, die immer mehr wuchs und wuchs, und obendrein aus dem Seidlwinkltal heraus schwere Hochnebel über die Bergspitzen zogen, da rief der Bauer vom Stall herüber:

„Macht's rasch im Garten! Das gibt noch ein tüchtiges Wetter heut!"

Mariedl ließ vor Schrecken das Körbchen mit den Bohnen fallen, das sie soeben hätte in die Küche tragen sollen. Du lieber Gott, ein Wetter auch noch! Während sie die verstreuten Bohnen zusammenlas, tropften dicke Tränen auf die Erde nieder.

Eine halbe Stunde später trug der Wind den Klang der Wetterglocken durch das Tal. Soweit man die Glocken hört, schlägt der Blitz nicht ein, ist ein frommer Glaube ... Wie weit nur der Sonnblick im Tal hinten steht! Wer sollte dort oben die bösen Wetter vertreiben? Jeder Glockenschlag beim Wetterläuten traf das schlechte Gewissen des Mädchens.

Während über der Rauris ein schweres Gewitter niederging und der Regen ohne Unterlaß zwei Stunden lang niederprasselte, saß Mariedl in der Scheune und weinte bitterlich. Dort fand sie Burgl, erschrak nicht wenig und trug das zitternde Kind auf ihren Armen in die Stube, wo das Abendbrot schon auf dem Tische stand.

Jetzt war es nicht mehr schwierig, einen Zusammenhang herauszufinden zwischen dem sonderbaren Verhalten des Mädchens und dem rätselhaften Verschwinden des Buben. Daß er nicht einmal vor dem Unwetter nach Hause gekommen war, mußte Verdacht erregen. Leonhard nahm das verstörte Kind auf den Schoß. Mariedl empfand es wie eine Erlösung, als sie sich endlich von dem Geheimnis befreien konnte, das ihr als schwere Last auf dem Herzen lag. Stoßweise kam das Geständnis heraus.

Die Nachricht von Hermanns heimlicher Bergfahrt schlug wie der Blitz in den Einödhof ein. Der Vater vergaß das Schimpfen und wurde ganz still. Die Mutter wischte eine Träne aus dem Auge. Burgl, die den Buben gut leiden mochte, schlug ein Kreuz und sprach ein Stoßgebet. Sogar der Michel, der sich sonst weniger gut mit seinem Bruder vertrug, saß verdattert hinter dem Tisch und spürte so gar keine Lust, jetzt zu essen.
Leonhard aber sprang auf, stellte die zitternde Mariedl auf den Boden nieder und griff nach seiner Joppe.
Sofort auf die Post!
Das war das einzig Vernünftige. Anrufen, ob der Bub tatsächlich droben auf dem Observatorium angekommen war! Gott sei Dank gab es das Telefon.
Draußen war er. Die anderen hockten ratlos beisammen und hingen ihren trüben Gedanken nach. Die Mutter trug die Schüssel wieder voll vom Tisch. Daß der Bub einem so etwas antun konnte!
Aber weder der Bauer noch die Bäuerin dachten in dem Augenblick an eine Bestrafung. Wenn ihm nur nichts zugestoßen war!
Die Zeit wurde ihnen lang, bis Leonhard zurückkam. Es hatte gar nicht gut ausgesehen am Nachmittag. Jetzt noch stand eine einzige dunkle Wolkenwand hinten im Tal. Von den Bergen sah man keine Spur.
Leonhard kam ohne Ergebnis. Auf dem Observatorium hatte sich niemand gemeldet.
Jetzt blieb nichts anderes übrig, als den Buben zu suchen. Sollte er unterwegs in das Unwetter geraten sein, dann war keine Zeit zu verlieren. Leonhard fand den Weg auch in der Finsternis. Er vermutete den Buben auf dem Neubau oder gar droben in der einsamen Rojacherhütte. Wenn nicht Schlimmeres geschehen war. Aber daran wollte niemand denken.
Und doch kamen sie von den schweren Gedanken nicht los.

Sind schon Größere und Tüchtigere auf dem Sonnblick umgekommen ...
Mariedl begann zu fiebern und wurde sofort ins Bett gesteckt. Sie hatte sich auf ihrem überstürzten Kirchgang arg erkältet. Alles wegen des Buben — mußte die Mutter denken. Ihr war ordentlich bang, als sie Mariedl den heißen Tee ans Bett brachte. Leonhard aber ist schon eine gute Stunde unterwegs, während sie im Einödhof noch immer in der Stube beisammensitzen und den Rosenkranz beten. Vor dem Muttergottesbild im Herrgottswinkel hat die Mutter ein Lichtl angezündet. Das wird bis zum Morgen brennen bleiben, und sein frommer Schein wird durch das Fenster hinausfallen in die dunkle Nacht — — —

DIE SPUR IM SCHNEE

Gleich einer friedlichen Burg krönt das Zittelhaus die steile Gipfelpyramide des Hohen Sonnblicks. Hier bietet es allen Zuflucht und sicheren Schutz. Mag auch seit dem späten Nachmittag über dem Rauriser Tal ein Unwetter toben und schwerer Nebel den Sonnblick bis tief hinunter verhüllen, im Speisezimmer des stattlichen Hauses sitzen die Menschen geborgen beisammen, denen es gelungen ist, noch vor dem Wettersturz den Gipfel und damit die rettende Hütte zu erreichen. Menschen aus aller Herren Ländern, solche mit klingenden Namen und solche aus dem einfachen Volke, Alte, die langjährige Bergerfahrung und reiche Erlebnisse mitgebracht, und Junge, die zum erstenmal einen Dreitausender bezwungen haben, hier sind sie alle gleich. Sonst sagt man das nur von Friedhöfen, daß sie alle Unterschiede und alles Trennende unter den Menschen verwischen. Aber es gibt auch unter Lebenden einen Ort, an dem alles Streitbare und Häßliche, alles Mißtrauen und aller Schein von denMenschen abfällt, an dem sie einander brüderlich die Hände reichen, ohne

zu wissen und ohne zu fragen, wer der andere ist und woher er kommt — das ist eine Schutzhütte in den Bergen. Bliebe einer von dieser alles umfassenden und beglückenden Bergkameradschaft ausgeschlossen, er hätte sich das selber zuzuschreiben.
Es ist daher auch gar nicht verwunderlich, daß von allen Tischen die Helfer aufspringen, als bei hereinbrechender Nacht ein verspäteter Tourist die Tür aufreißt und mit schreckensbleichem Gesicht in höchster Aufregung mitteilt, daß seine Begleiterin vor mehr als einer halben Stunde drunten auf dem Gletscher in eine Spalte gestürzt ist.
Der Hüttenpächter ist am frühen Morgen nach Heiligenblut abgestiegen, um Einkäufe zu besorgen, und wird vor morgen mittag nicht zurück sein. Die Wirtin und ihre Tochter haben draußen in der Küche alle Hände voll zu tun. Da gehört auch auf alle Fälle ein Mann her, wenn es gilt, einen Verunglückten aus einer Eiskluft herauszuziehen.
Drüben im Speisezimmer rüsten drei wetterfeste und kräftige Bergsteiger zum Aufbruch. Doch auch die Zurückbleibenden wollen nicht untätig zusehen und steuern das Ihre bei. Im Nu sind die Helfer mit Verbandzeug und warmen Kleidungsstücken, mit heißem Tee und stärkendem Proviant versorgt, mit Taschenlampen, Seilen und einer Zeltplane. Keiner denkt daran, daß seine Wollweste beschädigt werden könnte und ob er die Sachen auch wieder zurückbekäme. Ein Mensch ist in tödlicher Gefahr, da denkt keiner mehr an sich selbst.
Noch sind keine zehn Minuten vergangen, da steht schon die Rettungsmannschaft abmarschbereit vor der Tür. Auch der, der die Schreckensnachricht überbracht hat, konnte sich soweit erholen und stärken, daß er fähig ist, die anderen zur Unglücksstätte zurückzuführen. Sie warten nur noch auf Peter Maylechner, den Wetterwart. Er ist mit dem Berg vertraut wie kein anderer.
Der Alte ist eben bei der letzten telefonischen Wetterdurchgabe,

als die Wirtin in höchster Eile die Tür seiner Küche aufreißt. Über die Störung verärgert, schneidet er ein Gesicht zum Fürchten. Doch kaum hat er gehört, worum es geht, da verwandelt sich sein grimmiges Aussehen mit einem Schlag. Er sagt nur: „Ist schon gut", nimmt Hut, Seil, Pickel und anderes Zeug vom Nagel, holt zwei starke Fackeln hervor und winkt dem Hund.

Bei der Hüttentür trifft er auf die freiwilligen Helfer. Sie wechseln nur ein paar Worte und haben sich verstanden. Peter zündet eine Fackel an, damit sie die frische Fußspur nicht verfehlen, nimmt den Hund an die eine und den Augenzeugen des Unfalles an die andere Seite, und so ziehen sie los. Unterwegs läßt er sich den Hergang erzählen.

Der Mann gibt zu, es war unvorsichtig, ohne Seil den Weg über den Gletscher zu nehmen. Aber was hätten sie tun sollen! Sie kamen aus dem Fragant-Tal über die Niedere Scharte und wollten ursprünglich das Zungenende überqueren, um dann über den Grat auf den Gipfel zu steigen. Der plötzliche Nebel ließ sie jedoch den direkten Weg über das Ochsenkarkees einschlagen. Sie hatten einen Kompaß und verfehlten daher auch bei dem dichten Nebel die Richtung nicht. Da — nach der letzten Steilstufe — geschah das Unglück. Die Frau war zwei Schritte voraus. Da tat sich plötzlich lautlos der Boden auf, und mit einem leisen Aufschrei versank sie vor seinen Augen. Dem ersten Schrei folgte aus der Tiefe ein zweiter — und dann ein letzter. Dann war es schaurig still. Nur schwaches Stöhnen drang aus der Finsternis herauf. Dem konnte er entnehmen, daß sie noch lebte. Als der erste Schrecken von ihm gewichen war, rief er ihr einige zuversichtliche, ermunternde Worte zu und holte so schnell als möglich Hilfe herbei.

Peter Maylechner überlegt. Nach der Schilderung muß sich das alles in der Höhe der Brettscharte abgespielt haben. Die Spur, die Gott sei Dank deutlich zu erkennen ist, führt auch in diese Richtung.

Da bleibt der Wetterwart plötzlich stehen und hält die brennende Fackel tiefer an den Boden. Was soll denn das heißen? Die anderen meinen, man hätte die Eiskluft schon erreicht, und drängen zu beiden Seiten nach vorne, sehen aber nichts. Doch — da! Peter Maylechner schüttelt den Kopf, blickt zuerst nach links, dann nach rechts in den undurchdringlichen Nebel hinein und bückt sich schließlich tief zum Schnee herunter. Da führt tatsächlich eine frische Spur! Noch nicht viel älter als die, die sie verfolgen. Nur ist es eine Fußspur, so sonderbar klein, daß man sie für die eines Kindes halten könnte. Vielleicht hat das Mädchen einen Ausweg aus der Spalte gefunden und irrt nun auf dem Gletscher umher? Aber dann sehen sie, das kann nicht gut sein. Die breite Spur des Mannes liegt über der kleineren Spur, die querläuft, deutlich drüber. Und dann kommt diese rätselhafte Spur von der linken Seite herauf, Richtung Rojacherhütte, und führt nach rechts direkt auf den Goldbergspitz zu. Wer hat denn dort etwas so spät am Abend zu suchen...?
Alle sehen deutlich die frische Spur im Schnee, wie sie zur Linken aus dem Nebel herausführt und zur Rechten wieder im Nebel verschwindet.
„Da stimmt etwas nicht —", murmelt der Wetterwart. Er hätte gute Lust, der geheimnisvollen Spur nachzugehen. Aber eins nach dem andern. Und hier ist keine Zeit zu verlieren. Wenn man unterm Eis begraben liegt, werden Minuten zu Stunden. Also weiter! Lian bleibt folgsam an der Stelle zurück, wo die beiden Spuren übereinanderlaufen.
Keine fünfzig Meter tiefer haben sie die verhängnisvolle Spalte erreicht. Vorsichtig tastet sich Peter an die Einbruchstelle heran und leuchtet mit der Fackel über den Rand in die Tiefe. Er sieht nur das Eis rot aufleuchten, eine glitzernde Fläche, die in einer Breite von einigen Metern schräg abfällt und unter dem gegenüberliegenden Spaltenrand verschwindet. Die Kluft, die oben ziemlich breit sein muß, scheint also am äußersten Rande ein-

gebrochen zu sein. Das Mädchen ist zuerst schräg über die glatte Eiswand abgerutscht. Was weiter geschah, ist vorderhand noch unter dem Eis begraben.
Der alte Wetterwart legt sich der Länge nach hin und schiebt den Oberkörper über die Öffnung vor. Auf der Seite der Kluft darf er es wagen, hier ist fester Eisboden. Er ruft den Namen der Verunglückten und bekommt sofort Antwort. Es ist also noch nicht zu spät. Ob sie sich verletzt habe, fragt er zurück. Sie glaube nicht. Nur der linke Fuß sei eingeklemmt, sie könne sich nicht von der Stelle rühren.
Die anderen rammen inzwischen ihre Pickel fest in das Eis und entrollen die Seile. Der Wetterwart steigt als erster hinunter, mit einer Taschenlampe bewaffnet. Die oben sichern ihn mit kundiger Hand.
Langsam, Meter für Meter, gleitet Maylechner über die Eisfläche hinab. Es ist so, wie er vermutet hat: die Kluft verengt sich hier immer mehr. Oben ist sie gut vier Meter breit und nur am Rand eingebrochen. Die dünne Schneebrücke, die den größten Teil der Kluft noch trügerisch zudeckt, kann jeden Augenblick einbrechen. Nach etwa sechs bis sieben Metern schrägen Abwärtsgleitens fällt der Spalt senkrecht in die Tiefe. Peter gibt ein Zeichen nach oben. Als er ruhig am Seil hängt, neigt er sich zur Seite und leuchtet mit der Lampe den Eisriß unter seinen Füßen ab. Etwa drei Meter unterhalb sieht er die junge Frau der Länge nach eingezwängt liegen. Ein Glück, daß die Kluft dort so schmal wird, denn neben dem Kopf gähnt ein dunkles Loch, das darauf schließen läßt, daß der Spaltenboden noch weit tiefer liegt.
Die fürchterliche Angst, in diese eisige Tiefe hinabzustürzen, hat die Frau über eine Stunde lang gepeinigt. Sie wartete und wartete und wußte nicht worauf: auf Hilfe oder auf den Tod. Die eine Stunde wurde ihr zur Ewigkeit. Sie wußte ja nicht, ob ihr Begleiter den Weg zur Hütte finden würde. Sie wußte

nur, daß sie hilflos im Eis gefangen lag und daß sie zwischen Leben und Tod schwebte. Sie sah nichts in dieser Finsternis, nur der eine Fuß stieß ins Leere, und hart neben dem Kopf mußte eine Öffnung sein, aus der es grabeskalt über Gesicht und Körper wehte. Die Augen taten ihr weh vor Kälte, und so preßte sie die Hände vors Gesicht, bis sie steif gefroren waren. Die eisigen Zangen, die ihren Körper hielten, spürte sie wie die Finger des Todes bis in die Knochen. Dafür strömte ihr eigener Leib Wärme aus, sodaß das harte Eis unter dem Druck langsam zu schmelzen begann. Es steigerte ihre Todesangst aufs höchste, als sie zu ihrem Schrecken spürte, wie sie, eingeklemmt in die enge Spaltstelle, Zentimeter um Zentimeter allmählich einsank. Wer konnte sagen, wie viele Zentimeter noch fehlten bis zum endgültigen Sturz in die tödliche Tiefe ...

Peter Maylechner kommt nahe an die Gefangene heran und versucht, sie aus ihrer fürchterlichen Lage zu befreien. Unmöglich, auch die herabhängenden Seilschlingen können da nicht helfen. Der eine Fuß ist so fest im Eis eingezwängt, daß die Frau bei jeder ruckartigen Bewegung vor Schmerz aufschreit. Peter überlegt. Die Sache ist schwieriger, als er gedacht hat. An ein Heraushauen mit dem Pickel ist in dem engen Schacht nicht zu denken. Vorerst gelingt es ihm in mühevoller Arbeit, das Seil zweimal unter ihrem Körper durchzuziehen, sodaß wenigstens ein weiterer Absturz verhindert wird. Dann läßt er sich langsam hochziehen und steigt mit der brennenden Fackel wieder hinab.

Zwei stehen oben am sichernden Seil und warten auf Weisung von unten. Wild flackert die Flamme, als der eisige Luftstrom darüberstreicht. Eingepreßt zwischen die starrenden Wände, versucht der Alte, das Eis über der Stelle, die das Knie der Frau einklemmt, mit dem Feuer zum Schmelzen zu bringen. Dabei darf er den Kleidern nicht zu nahe kommen. Er hat schon zuvor warme Wollsachen und eine Decke zwischen die Verunglückte und die Eiswände gestopft, um sie vor Erfrierungen zu schützen.

Jetzt sind ihm diese Dinge wieder hinderlich. Auch seine eigene Lage, halb liegend, halb hängend, ist nicht beneidenswert.
Endlich kann die Frau den Fuß bewegen, hat aber nicht mehr die Kraft, ihn zu heben. Da gibt Peter das verabredete Zeichen. Die Seile straffen sich, und langsam schwebt der halberstarrte Frauenkörper in die Höhe. Peter folgt nach und stützt von unten die Frau, die wie leblos im Seil hängt.
Als er mit der Geretteten oben ankommt, ist Mitternacht nahe. Soeben tönt ein klagender Ruf durch den Nebel. Das ist die Hüttenwirtin vom Zittelhaus, die schon einige Male in Abständen das Hornsignal gegeben hat, um das Zurückfinden bei der schlechten Sicht auf alle Fälle zu erleichtern. Die Touristen antworten. Dann versuchen sie durch Reiben mit Schnee das Blut der Frau wieder in Bewegung zu bringen und die Steifheit der Glieder zu lösen. Nun, nachdem die grauenhafte Anspannung der Nerven nachgelassen hat, beginnt sie leise zu weinen. Alle bemühen sich um sie, flößen ihr heißen Tee ein und hüllen sie in warme Decken. Dann knüpfen sie die Seile kunstvoll zu einer Bahre zusammen, um die Frau zur Hütte tragen zu können.
Der alte Wetterwart hat gesehen, daß er nicht mehr so dringend gebraucht wird, und hat sich indessen auf den Weg gemacht, die andere Spur zu verfolgen.
Der treue Bernhardinerhund sitzt noch immer auf demselben Fleck. Die zwei Stunden scheinen dem aber doch etwas lang gedauert zu haben. Freudig bellt er auf und umspringt seinen Herrn so ungestüm, daß ihm der kleine Fackelstumpf aus der Hand fällt und im aufgewühlten Schnee zischend verlischt. Zum Glück hat er noch eine Laterne bei sich. Die zündet er an und leuchtet damit den glitzernden Boden ab. Die Spur führt — deutlich genug — zum Goldbergspitz hinüber. Mit raschen Schritten geht er der Spur nach. An mehreren Stellen ist der Schnee breiter eingedrückt. Hier muß einer gerastet haben. Auch gehen die Tritte immer mehr in Schleifspuren über. Das

läßt auf große Müdigkeit schließen. Peter beschleunigt seine Schritte. Er ist überzeugt, jemanden in höchster Not anzutreffen.

Da — ungefähr zweihundert Meter von der Ausgangsstelle entfernt — trifft der Schein der Laterne auf dunkles Gestein. Das ist der Goldbergspitz, die Ostflanke des Berges. Hier am oberen Gletscherrand ist der Schnee stark zertreten. Was hat sich hier abgespielt? Peter hebt die Laterne und leuchtet die brüchigen Felsen ab. Dann schwenkt er das Licht nach rechts und nach links. Im selben Augenblick springt Lian an ihm vorüber auf eine Stelle zu, die der Lichtkegel aus der Laterne nicht mehr erreicht, und schlägt an. Dann winselt er, als hätte er weiß Gott was Kostbares gefunden.

Mit ein paar Schritten ist Peter dort. Er muß gehörig die Augen aufreißen, er traut ihnen kaum. Elf Jahre lang ist er jetzt Wetterwart heroben auf dem Berg und hat wahrlich genug erlebt. Weit über hundert Menschen hat er aufgefunden in Fels und Schnee und Eis, in Sturmgewittern und im Nebel. Aber so etwas ist ihm noch niemals untergekommen. Da sitzt wahrhaftig — ein Kind und schläft! Und daneben steht Lian, schnuppert es ab und winselt wie närrisch. Vorsichtig stellt der Alte die Laterne zu Boden und reibt sich die Augen. Nein, nein — er träumt nicht! Da sitzt mitten in der Nacht ein Bub und schläft so fest, als läge er daheim im warmen Bett in der Stube. Und das bei zwei Grad Kälte und in einer Höhe von fast dreitausend Metern!

Peter Maylechner tritt ganz nahe an das schlafende Kind heran und beugt sich darüber. Ja — was soll denn das? Ist denn das möglich? Das ist ja — — — Unsinn! Wie käme denn der da her — jetzt, mitten in der Nacht! Der Alte kniet neben dem Kind nieder, langt die Laterne herüber und hält sie ganz nahe an das Gesicht. Das Kind bewegt sich im Schlaf und lächelt. Da fährt dem Alten ein Schrecken durch die Glieder: Kein Zweifel —

er ist es! Das ist Hermann! Seiner Tochter jüngster Bub! Der gute Lian hat ihn früher erkannt als der eigene Großvater.
Ganz heiß steigt es in dem alten Manne auf. Die Hände zittern, und auch die Knie werden ihm plötzlich ganz schwach. Ist es die Anstrengung der zweistündigen Arbeit im Eisloch, die ihn nachträglich so müde macht? Oder ist es der Schrecken, der Gedanke, was geschehen wäre, wenn ihn der unerwartete Weg nicht zufällig an der Spur des Kindes vorübergeführt hätte?
So tastet er mit zitternden Händen über den Buben hin und weiß nicht recht, wie er's anstellen soll, ihn aufzuwecken. Es ist schon lange her, an die zwanzig Jahre wohl, daß er zum letztenmal ein Kind aus dem Schlaf geweckt hat.
Aber er muß ihn wecken. Zu lang ist er schon da gelegen in der Kälte. Der Bub kann sich den Tod holen. Den Tod ...
Da muß er wieder zurückdenken, wie es damals war — vor vierzehn Jahren. Da haben seine Kinder so geschlafen — und er hat sie nimmer wecken können. Sie schlafen heute noch ...
Ihm ist, als grinse das bleiche Gesicht des Todes aus dem wogenden Nebel. Du Unersättlicher! Hast denn noch nicht genug? Meine Kinder hab ich dir lassen müssen, eins nach dem anderen! Mein Enkelkind sollst du nicht kriegen! Diesmal bin ich der Stärkere!
So zart es die derben Männerhände vermögen, faßt Peter das Kind an den Schultern und rüttelt es sanft, daß es die Augen aufschlüge. Doch es schläft fest. Er muß schon energischer anpacken. Der Tod packt ja auch hart zu.
Der Alte versucht, den Kopf des Buben zu heben. Da murmelt dieser im Schlaf ein paar unverständliche Worte, und der Kopf, dem der harte Steinpolster fehlt, sinkt schwer auf die Brust.
„Hermann! Bub! Bub!" ruft Peter leise und erschrickt über seine eigene Stimme, wie weich die plötzlich geworden ist.
Noch einmal muß er ihn rütteln und noch einmal und wieder ruft er:
„Bub! Hermann! Hör doch! Bub!"

Da schlägt der Bub die Augen auf. Ganz langsam und ganz weit — und richtet sie groß und fragend auf den alten Mann. Dann aber huscht ein Leuchten über sein Gesicht, und die vor Kälte steifen Arme strecken sich vergeblich dem Großvater entgegen. Sie sinken sofort wieder kraftlos in den Schoß zurück. Ein Bergkristall fällt glitzernd in den Schnee.

„Großvater —" Mühsam schiebt sich das Wort über die erstarrten Lippen.

„Bub! Kennst mich?"

Der Alte kniet dicht neben dem Kind.

„Bist ja doch — gekommen. — Großvater — ich hab's — gewußt. Ich hab dich gesucht — Großvater —!"

„Bub! Sag, wie kommst denn du da her?"

Die Stimme des alten Mannes zittert. So war ihm noch nie wie in diesem Augenblick.

„Hast mich ja gerufen — Großvater. Du — und der Sonnblick — ihr habt mich gerufen."

Der Alte meint nichts anderes, als daß der Bub im Fieber spräche, und streicht ihm mit seiner rauhen Hand über die kalte Stirn. Da schaut ihn das Kind so seltsam an.

„Zu dir hab ich wollen — Großvater — zu dir!"

In dem Augenblick bekommt das alte, versteinerte Herz des Peter Maylechner einen Stoß. Er reißt den Buben in seine Arme und drückt ihn an sich.

„Was? Zu mir hast wollen, Bub? Zu mir? Zum alten, brummigen Großvater?"

Der Bub gräbt seinen Kopf tiefer in den rauhhaarigen Rock des Alten und flüstert:

„Ich hab dich ja doch lieb — Großvater —"

Ganz leise hat das der Bub gesagt, aber der alte Mann hat es gehört und es ist ihm bis ins Herz hinein gedrungen. Lieb hat er ihn, hat er gesagt! Ein Mensch hat ihn lieb! Er kennt sich gar nimmer aus. Ist er denn überhaupt noch der alte Peter Maylechner, der Einsiedler vom Sonnblick, der von den Menschen nichts mehr wissen wollte, oder ist er plötzlich ein anderer geworden? Die Augen sind ja ganz naß — meiner Seel', da rinnt eine Träne über die Wange und bleibt im Bart hängen! Grad närrisch dürft' er geworden sein. Was tut er denn da? Er nimmt wahrhaftig den Bubenkopf zwischen seine alten Hände und drückt auf das eiskalte Gesicht einen Kuß!

Peter Maylechner hat seit vierzehn Jahren keinen Menschen geküßt. In dieser Nacht muß ein Wunder an ihm geschehen sein.

Er fragt nimmer weiter. Sachte läßt er das Kind auf den Boden nieder. Da fällt sein Blick wieder auf den funkelnden Kristall. Damit muß es seine besondere Bewandtnis haben, denkt der Großvater und steckt ihn in die Rocktasche des Kindes. Dann nimmt er die Laterne und bindet sie dem Hund an das Halsband an. Hermann aber hebt er auf seine Arme.

So wandern sie zu dritt durch den finsteren Nebel zurück.

Die anderen, die an der Stelle, wo sich die Spuren kreuzten, schon eine geraume Weile gewartet haben, sind nicht wenig erstaunt, als sie den sonderbaren Zug aus dem Nebel auftauchen sehen.

Dem Alten ist jetzt nicht zum Reden. Mit ein paar Worten erklärt er den Leuten, die ihn sofort umringen, daß er wie durch ein Wunder des Himmels unter dem Goldbergspitz halberfroren sein Enkelkind gefunden habe.

Da werden auch die anderen ganz still. Und auf dem Weg zur Hütte, den sie schweigend zurücklegen, hängt jeder seinen eigenen Gedanken nach, die kreuz und quer die Wege zwischen Himmel und Erde hin und her laufen.

Im Zittelhaus ist heute keiner schlafen gegangen. Alle sind in der warmen Küche versammelt. Dort sitzen sie enggedrängt und warten auf die Gewißheit, daß die Frau gerettet sie. Alle atmen befreit auf, als die Kolonne mitsamt der Verunglückten wohlbehalten eintrifft. Stärker noch als die warmen Decken und der volle Krug heißen Tees wärmt die Bergkameradschaft. Bald wird die Frau vergessen haben, daß sie drei bange Stunden lang — oder war es eine halbe Ewigkeit? — dem Tod näher gewesen ist als dem Leben.

Alle wollen sie den Wetterwart sehen und ihm danken und seinen Mut und seine selbstlose Opferbereitschaft gebührend feiern. Da erfahren sie von dem sonderbaren Schicksal, das ihm drunten auf dem Gletscher widerfahren ist, und keiner wagt es mehr, den wunderlichen alten Mann in seiner Andacht zu stören.

So legen sie alles das, was sie ihm zum Dank vermeint hatten, auf einen Haufen zusammen — und noch viel Gutes für den geretteten Buben dazu. Morgen sollen die beiden eine kleine Freude haben...

Drüben in seiner kleinen Küche hat der Großvater das Kind sofort zu Bett gebracht. Das hat er schon mit vielen tun müssen all die Jahre hindurch. Und doch ist ihm, als täte er es heute zum ersten und einzigen Mal. Sonst war's halt der rauhe, bärbeißige, alte Wetterwart, der seine Schützlinge einfach ins Bett kommandiert hat. Heute ist das ganz anders. Es ist der Großvater, der sein Tochterkind schlafen legt. Vierzehn Jahre lang hat er die Menschen geflohen, hat nichts von ihnen wissen wollen, ja sie sogar manchmal gehaßt — und heute hat er ein Menschenkind geküßt! Tief beugt er sich über den schlafenden Buben.

Der gute Bernhardinerhund liegt breit neben dem Bett und sieht bald das Kind, bald seinen Herrn mit großen Augen an, als wollte er fragen, ob nun alles anders werden solle...

Nein, Lian, alter Freund. Es wird nicht mehr viel anders werden mit deinem Herrn. Ihr werdet weiterhin allein bleiben in der selbstgewählten Einsamkeit, und nach außen wird alles sein wie früher. Nur innen wird es anders sein. Aber das verstehst du nicht mit deinem Hundekopf. Die Liebe deines Herrn freilich wirst du von heute an mit einem Menschen teilen müssen.

Beim ersten Morgengrauen kurbelt Peter Maylechner am Telefon. Den alten Postmeister in Rauris weckt er aus dem Schlaf und drunten in Kolm-Saigurn läßt er solange klingeln, bis die Wirtin selber ganz verschlafen zum Apparat kommt. Von ihr erfährt er, daß Leonhard Rubatscher in aller Herrgottsfrüh ans Fenster geklopft und nach dem Hermann Loitfellner gefragt habe. Sie habe aber nichts gewußt, und so sei er weitergewandert zum Neubau. Er müsse bald eintreffen.
Dem Postmeister in Rauris aber, der ihm halb unverständlich von der Aufregung im Einödhof und von einem vergeblichen Anruf gestern abend erzählen möchte, schreit er durch den Draht nur zu: „Der Bub ist heroben!"
Dann hängt er den Hörer ein.
Hermann ist darüber aufgewacht. Er scheint im Augenblick alle Schrecken des vergangenen Tages vergessen zu haben. Er sieht sich in dem schlichten Raume um, sieht den blaßblauen Himmel vor dem kleinen Fenster heller werden und den Großvater mitten in der Stube stehen.
„Jetzt bleib ich da, Großvater! Bei dir! Immer!"
Mehr sagt er nicht. Die Augen fallen ihm wieder zu.
Dem alten Mann aber ist seine enge Kammer noch nie so weit erschienen und so angefüllt mit Licht wie an diesem jungen Morgen.

DIE BERGE SIND STÄRKER

Das Leben im Dorf nimmt seinen Lauf. Hermanns abenteuerliche Bergfahrt gerät bald in Vergessenheit. Nur auf dem Einödhof hat es eine Weile gebraucht, bis alles wieder in seinen altgewohnten Gang zurückgefunden hat.
Leonhard hat den Buben nach drei Tagen glücklich nach Haus gebracht, aber Mariedl ist zwei Wochen krank im Bett gelegen.

Es hätte nicht viel gefehlt, und der Bub hätte den hellen Bergkristall in einen Sarg legen müssen. So aber lag er auf dem kleinen Tischchen neben dem Bett. Oft, wenn alle draußen bei der Arbeit waren und das kranke Kind allein im Hause war, nahm es den Kristall in beide Hände und betrachtete ihn lange, wie man einen kostbaren Schatz betrachtet. Dieser glashelle Stein, dessen Flächen sich so spiegelglatt griffen, war für sie ein geheimnisvoller Gruß aus einer anderen Welt. Mehr noch: er war und blieb eine lebendige Erinnerung an ein Ereignis ihres jungen Lebens, das sie wohl nie mehr würde vergessen können. Es war aufregend schön, Mitwisserin eines Geheimnisses zu sein, das beide, den Buben und sie, so hart am Tod vorbeigeführt hatte.

Die Loitfellnerleute freilich konnten auch im nachhinein nicht viel Schönes an Hermanns Tat finden und nahmen den Buben energisch ins Gebet. Dem Vater waren die Berge von Jugend an etwas Furchterregendes, er ging ihnen aus dem Weg, wo immer er konnte, und wollte nicht, daß man vor dem Buben je vom Sonnblick sprach. Er war dem Berge gram und meinte auch, Grund dazu zu haben. Der Berg war daran schuld, daß die Ache im Frühjahr schon zum drittenmal seine angrenzenden Felder verwüstet hatte. Und daß vor fünf Jahren eine Lahn die jüngere Tochter erschlagen hatte, vergaß er nicht.

Es ist ihm auch in die Seele zuwider, daß man seit kurzem sogar zweimal im Tag für die Bergfexen und die Fremden das Postauto, vor dem seine Pferde jedesmal scheuen, ins Tal hereinschickt. Jetzt hat ihm der Berg auch noch seinen jüngsten Buben närrisch gemacht, daß er mit elf Jahren bald zugrunde gegangen wäre. Nein, es sind nicht sonderlich freundliche Blicke, die der Loitfellner ins Hüttwinkltal hineinschickt, wenn er draußen unterm Arbeiten innehält und sich den Schweiß von der Stirne wischt. Arg hart ist das Leben im Schatten der Berge, und wenn er auch niemals das Tal verlassen möchte, weil die Rauris ja doch seine Heimat ist, den Berg sieht er immer als seinen Feind, der nur darauf lauert, die Frucht lebenslanger Arbeit zu zerstören. Ein Trost, daß Michel anders ist. Der hat den nüchternen Sinn vom Vater geerbt. Der lacht laut heraus, wenn sein Bruder hinter jedem harten Felstrumm ein Geheimnis sitzen sieht, und reißt dann mit doppelter Kraft den Pflug im steinigen Erdreich herum. Wird ein rechtes Kreuz werden mit dem Hermann, muß Michel heute schon denken, wenn er ihn später einmal auf dem Hof wird sitzen haben. Denn so gewiß es ist, daß Michel den Hof erben wird, so gewiß ist es auch, daß aus Hermann nie ein richtiger Bauer werden kann. Die nötige Kraft hätt' er ja schon dazu, aber was nützen die Hände und die Füße, wenn der Kopf und das Herz ganz woanders sind! Was mit dem Buben einmal werden soll . . .

Hermann wüßte schon allerlei und darüber muß er viel nachdenken. Aber das ist vorderhand noch sein Geheimnis.

Burgl ist der gute Geist im Haus, der zwischen dem Vater und dem jüngsten Bruder hin und her wandert und darauf achtet, daß die Berge nicht auch noch den häuslichen Frieden zerstören.

Der Oberlehrer ist viel dran schuld, denkt der Bauer, und das ist auch der Grund, warum er ihn um Jakobi nach dem Sonntagsgottesdienst auf die Seite nimmt. Er muß ihm den Vorwurf machen, daß er den Buben in seiner Narretei noch bestärkt habe, indem er ihn auf den Bärnkogel mitgenommen und ihm auch sonst so viel spinnertes Zeug erzählt habe.

Da schaut der Lehrer, der nur um ein paar Jahre älter ist als der Loitfellner, den Bauer eine Weile stumm an. Dann legt er ihm in aller Freundschaft die Hand auf die Schulter und sagt: zu ihm „Loitfellner! Hast denn noch gar nie was gespürt da drinnen, wenn du so an einem schönen Sonntagmorgen aus dem Haus treten bist? Wann die Sonn funkelt und strahlt, daß es grad eine Freud ist, und wann alles rundherum sein Sonntagsg'wandel ang'legt hat: das Haus und die Felder, die Wiesen und der Wald

und das ganze Dorf. Hast da noch niemals hing'schaut auf die Berg, wie's dastehen, so herrlich schön, daß man grad meinen könnt, sie wären die Pfeiler, vom Herrgott gebaut, die von allen Seiten den Himmel tragen, daß er uns gar nie einstürzen kann?"
Der Bauer will ihm ins Wort fallen. Aber der Oberlehrer hat seine Art, und es ist nicht leicht, ihm zu widersprechen. Obendrein steht die schönste Sonne am Himmel, daß man ganz blind sein müßte, wollte man nicht sehen, wie herrlich Berg und Tal daliegen.
Der Oberlehrer aber weiß, wie er mit den Leuten reden muß. Er kann das so gut wie der Herr Pfarrer. Bis jetzt ist er noch mit allen fertig geworden — und das immer im Guten.
„Ich weiß schon, Loitfellner, was du mir sagen willst. Daß dir die Lahn vor fünf Jahren dein Kind erdrückt hat, daß dir der Einödbach öfter als einmal die schönsten Wiesen und Felder vermurt, daß dir das Wasser deine schönste Heuhütte mitg'rissen hat und daß alle bösen Wetter von den Bergen herunterkommen. Ja, Bauer, hast recht, hart ist es schon, das Leben, und nicht jeder könnt's ertragen, dieses ewige Kämpfen um das Stückerl Land, das man den Bergen abgetrotzt hat. Aber schau, grad so hart wie der Boden sind eure Köpf und meine Arbeit in eurer Schul — und ich hab doch niemals noch ein böses Wort verloren über euch oder eure Kinder. Ich freu mich, daß ihr so seid, so hart und fest, so grad und ehrlich. Ich ging' nimmer fort aus dem Tal — und wenn sie mir ein Schloß versprächen drinnen in der Stadt! Und bei dir ist's nicht anders, das weiß ich. Hast sie auch gern, deine Heimat, und gingest nie von ihr fort. Du und ich und alle, wie wir da sind, wir gehören da herein, mitten in die Berg!"
Der Bauer weiß nicht, was er dem Oberlehrer da drauf sagen soll. Unrecht hat er ja nicht. Also seufzt er nur tief und nimmt das blaukarierte Sacktuch heraus, um sich einmal recht kräftig zu schneuzen. Inzwischen fällt ihm vielleicht etwas ein. Denn

die Sache mit dem Hermann wurmt ihn ja doch und läßt ihm keine Ruhe.

Der Oberlehrer aber nimmt ihn beim Arm und führt ihn ein paar Schritte gegen den Pfarrhof hin, von wo aus sie das dichte, bunte Gewühl auf dem Kirchenplatz besser überschauen können. Dann zeigt er auf eine Gruppe junger Burschen, die dort unter der alten Kastanie beisammenstehen.

„Schau, heut stehn sie noch da, auf dem Boden, auf den sie gehören. Aber es werden andere Zeiten kommen. Da wird's den jungen Leuten zu eng werden im Tal. Und sie werden fort wollen, hinaus in die Welt und hinein in die Städte, weil sie sich weiß Gott was von dem Leben dort versprechen. Es wird keiner mehr sich plagen wollen ums tägliche Brot, Geld werden sie haben wollen und Vergnügen, um das sie heute schon die Leute in der Stadt beneiden. Und da werden sie lieber in die Fabriken laufen und zu den Maschinen, als hier den Pflug führen und das harte Berggras mähen. Da drinnen aber werden sie verdorren wie eine Blume, wann du sie ausreißt aus der mütterlichen Erde und sie wo hinlegst, meinetwegen auf einen goldenen Tisch. Siehst, Loitfellner, und wann ich an das denk, dann tut mir's Herz weh. Und drum red ich zu den Kindern so viel von den Bergen. Drum erzähl ich ihnen so viel närrische G'schichten! Weil ich nicht haben will, daß sie später einmal davonlaufen und dann keine Heimat mehr haben. Sie sollen wissen und spüren, daß es nicht nur die harte Arbeit gibt da im Tal, sondern daß der Herrgott alle mitsammen auf einen so schönen Erdenfleck gestellt hat, daß es ja die reinste Sünd wär, tät man nicht mit ganzem Herzen dafür dankbar sein, wie schön die Berge sind und die Almen und Wiesen und Wälder, so schön, wie nicht bald anderswo! Sei mir nicht bös drum, Loitfellner, daß ich, so wie der Herr Pfarrer vom Himmelreich, den Kindern in der Schule halt immer von dem Stückerl Himmelreich predig, das uns der Herrgott als kleinen Vorschuß aufs ewige Leben jetzt schon gegeben hat: von der Heimat und von unseren Bergen! So ist es gemeint, Bauer, nur so! Und der Hermann, dein Bub, der ist schon recht. Er hat schon einmal einen hellen Kopf, und die Gedanken fliegen ihm davon, das kannst nicht ändern. Daß er uns auf und davon g'rannt ist, das hätt er wohl nicht machen brauchen — und er wird's auch gewiß kein zweites Mal tun. Daß er aber den Sonnblick und die anderen Berge im Herzen drinnen hat, daß sie ihn immer zurückrufen werden später einmal, wann er vielleicht fort will von ihnen, darüber kannst nur froh sein, Bauer. Der Hermann ist keiner, der ruhig sitzen bleibt auf dem Hof, wär auch schad um den hellen Kopf — aber verlieren soll er sich nicht draußen in der Welt, heimfinden soll er können, zurückrufen sollen sie ihn, seine Berge. — Und wenn ihr zwei daheim nicht recht fertig werdet mit ihm, dann schick den Buben nur zu mir, ich werd schon immer vernünftig mit ihm reden. Nichts für ungut, gelt, und schöne Grüße daheim!"

Der Loitfellner reicht dem Oberlehrer die Hand und ist nun gar nicht mehr bös auf ihn. Das heißt, richtig bös kann man dem Oberlehrer überhaupt nicht sein. Und wenn er's so meint, hat er ja unrecht nicht. Die Heimat soll der Bub schon immer in Ehren halten und dem Tal treu bleiben.

Wie er auf dem Heimweg drüber nachdenkt, was denn aus dem Buben noch werden soll, ist er ordentlich froh, daß er den Oberlehrer in der Nähe weiß, der hat noch die härtesten Köpfe gradgebogen.

In dem Sommer, der auf die verunglückte Bergfahrt folgt, darf Hermann über ein paar Tage den Großvater auf dem Observatorium besuchen. Leonhard bringt ihn hinauf und nimmt ihn auf einem seiner Trägergänge wieder mit hinunter. Droben sucht Hermann eifrig nach Kristallen. Einen schöneren als den, den er Mariedl damals mitgebracht hat, hat er nicht gefunden.

Der mehrtägige Aufenthalt auf dem Sonnblick hat den Buben erst so recht erkennen lassen, was er bisher nur verschwommen geahnt hat: das Leben eines Sonnblickwetterwarts ist ganz und gar kein schönes, romantisches Märchen, kein bloßes Mittendrinsitzen in einer zaubrischen Wunderwelt. So ein Leben setzt sich zusammen aus tausend mühevollen Stunden, aus Opfern und Entbehrungen, aus schwerer Pflichterfüllung und ständiger Hilfsbereitschaft, aus angestrengter Arbeit an den vielerlei Instrumenten, aus Pünktlichkeit und Genauigkeit, auf die man sich jederzeit verlassen können muß. Allem voran aber aus unzähligen Gefahren, die den schwachen Menschen in seiner hilflosen Einsamkeit stündlich umlauern. Wer Wetterwart sein will, muß auf alles verzichten können, was die Menschen im Tal begehren. Wer kann das schon? Der Großvater ist ein Held.

Das ist von der Stunde an Hermanns feste Überzeugung — und die läßt er sich von niemandem mehr ausreden.

In der Schule lernen sie bald darauf von großen Heldentaten der Geschichte. Voll Stolz zählen die Kinder alle die Helden auf, deren Namen sie aus dem Unterricht, vom Hörensagen oder aus den bebilderten Kalendergeschichten kennen: Prinz Eugen, Erzherzog Karl, Andreas Hofer, Speckbacher, Radetzky — und wie sie alle heißen. Andere bringen gar den Siegfried und den Hagen daher, den Dietrich von Bern und was halt sonst in den alten Heldensagen herumgeistert.

Da schießt es dem Hermann Loitfellner durch den Kopf, daß das gewiß alles miteinander große und tapfere Männer waren, daß sie aber nur durchs Kriegführen berühmt geworden sind. Wer weiß, ob einer heute von ihnen redete, wenn zu ihrer Zeit nicht so viel gerauft worden wäre. Hermann selbst kann sich nur ganz schwach an den Krieg erinnern. Er war bei Kriegsende noch keine fünf Jahre alt. Er weiß nur, daß das Ende sehr traurig war, daß damals viel geweint wurde und daß alle sagten, so was Fürchterliches dürfe nie wieder kommen. Über achtzig Namen von Gefallenen hat der Bub gezählt, vor denen alljährlich zu Allerseelen die Lichter brennen. Daran hat Hermann schon oft denken müssen, ob man denn wirklich zuerst andere Leute erschlagen oder erschießen müsse, um ein richtiger Held zu sein.

Jetzt ist ihm alles gleich. Wahrscheinlich lachen ihn die anderen in der Klasse aus. Aber als der Herr Oberlehrer noch einmal fragt, ob einer sonst einen Helden nennen könne, da hebt er mutig die Hand.

Der Loitfellner weiß gewöhnlich noch etwas, wenn alle anderen schon fertig sind mit ihrer Weisheit. Also schauen die dreißig Buben und Mädel auch jetzt auf ihn, neugierig, von welch bedeutendem Kriegshelden er ihnen erzählen werde. Das hat allerdings niemand erwartet; Hermann steht auf und sagt:

„Der Wetterwart!"

Einen Augenblick ist es mäuschenstill in der Klasse. Dann platzen ein paar Buben los und lachen. Einer will gleich erklären, warum das ein Unsinn wäre. Die Mädchen kichern. Nur Mariedl bleibt still und schaut gespannt auf den Herrn Oberlehrer, was der dazu sagen werde.

Auf der Bubenseite macht einer einen dummen Witz, daß die anderen sich vor Lachen biegen. Der lange Seppel von Hundsdorf ruft ganz laut: „General Peter!"

Darauf wird der Lehrer todernst. Er winkt den Kindern, still zu sein, und verläßt das Schulzimmer. Nach einer Weile kommt er zurück, mit einem großen, dicken Buch in der Hand. Das Buch muß sehr alt sein, ganz ehrwürdig schaut es aus. Langsam schlägt es der Oberlehrer auf und fängt an, den Kindern vorzulesen, unter welch schwierigen Umständen der Rauriser Ignaz Rojacher anno 1886 das Sonnblickobservatorium gebaut hat und was in den vielen Jahren seither die Männer und Frauen geleistet haben, die es wagten, Sommer und Winter droben auszuharren. Von vielen kühnen Taten wird da berichtet, von unerschrockenen Kämpfen gegen tobende Unwetter, von Menschenleben, die in letzter Minute gerettet wurden, und so viele Beispiele von Tapferkeit werden erzählt, daß die kriegerischen Heldengestalten, deren Namen mit weißer Kreide von der Schultafel leuchten, immer mehr zu verblassen beginnen. Und die am Anfang am lautesten gelacht haben, sitzen jetzt mit roten Köpfen in der Bank und reißen Mund und Ohren auf.

Eine Stunde ist längst vergangen, da schlägt der Oberlehrer das Buch zu und sagt:

„Einer von euch hat ‚General Peter' gerufen. Nein, Generäle waren die Wetterwarte gewiß keine. General ist auch der Peter Maylechner nicht. Er ist nur Wetterwart. Aber nach dem, was ihr jetzt gehört habt, werdet ihr vielleicht begreifen, daß es gar nicht notwendig ist, General zu sein. Ein einziger Wetterwart ist manchmal ein größerer Held als zehn Generäle zusammen. Der Hermann hat also ganz recht. Und wir alle hätten es bald vergessen: auch der Wetterwart gehört in die Reihe der Heldengestalten unserer Heimat! Heute werdet ihr in euren Heften noch einen kurzen Satz anfügen."

Der Oberlehrer nimmt das Tafeltuch und wischt die lange Reihe der stolzen Namen weg. Dann nimmt er die Kreide und schreibt mit großen Buchstaben an die schwarze Schultafel den Satz:

„Peter Maylechner, der Wetterwart vom Hohen Sonnblick, ist auch ein Held!"

Der Winter ist in diesem Jahr besonders grimmig ausgefallen. Kälte, Schnee und Sturm ergeben zusammen ein wildes Dreigespann, das gar viele böse Tage und Nächte hinter sich herzieht.

Drunten in der Rauris rücken Mensch und Vieh zusammen. Aus allen Rauchfängen qualmt es, und drinnen in den Stuben ist es warm. Es kostet harte Arbeit, die Schneemassen, unter denen manche Häuser bis an den Dachrand begraben liegen, wenigstens soweit wegzuräumen, daß man einen Weg zueinander findet.

Tagelang liegt der Ort von der Außenwelt völlig abgeschnitten da, bis die Straße wieder freigemacht wird, die hoch über der Kitzlochklamm hinunter ins Salzachtal führt.
Der Kirchgang an den Sonntagen wird für die, die weiter droben auf den Hängen und drinnen und draußen im Tal verstreut wohnen, zu einer beschwerlichen Reise. Die Kinder aus dem Gaisbachtal oder von den Berghöfen können dann eine halbe Woche lang nicht zur Schule kommen. Und wenn der Arzt zu einem Kranken gerufen wird oder der Herr Pfarrer einem Sterbenden die Sakramente bringen soll, dann bleibt ihnen nichts übrig, als die Schibretter anzuschnallen, genau so wie der Postbote, der die Briefe auch an bösen Wintertagen bis zum letzten Hof hinauftragen muß.
So unbeschreiblich schön das Tal im Wintersonnenschein daliegt, hinter dem Märchenbild aus glitzerndem Schnee ist viel Müh und Plag versteckt. Mächtiger noch als im Sommer herrschen die Berge über die winzigen Menschen.
Darum sind in dieser Zeit auch alle Schutzhütten leer, die droben über den Gletschern stehen, und die Menschen fliehen die eisigen Gipfel. Einzig und allein auf dem Hohen Sonnblick trotzt ein Mensch den übermächtigen Gewalten und bleibt. Ihm ist es wahrlich nicht darum zu tun, das Schicksal leichtsinnig herauszufordern oder der Sensationslust zu dienen. Er dient einfach und treu den Menschen, die drunten in den Tälern und draußen in den Städten wohnen. Wer vermöchte aufzuzählen, wie oft schon eine Meldung vom Sonnblickhaus bitteres Leid verhindern half. Und es mag leichter sein, neue wissenschaftliche Ergebnisse zu entdecken, als in jahrelanger Kleinarbeit für eben diese Wissenschaft die harten Bausteine zusammenzutragen. Das aber tut der Beobachter des Sonnblickobservatoriums, und das tut auch Peter Maylechner nun schon das zwölfte Jahr.
Wieder einmal klettert der Schnee von allen Seiten über das Hüttendach. Die andauernde Winterkälte von mehr als 30 Grad

hat ihn zu einer meterdicken Eiskruste erstarren lassen. Ragte nicht der Turm mit den Windmeßgeräten aus dem schroffen Eis, das Haus wäre von Norden her überhaupt nicht zu erkennen. Vom Dachfirst an fällt jäh die Nordwand des Berges in die Tiefe. Auf der Südseite liegt der Schnee fünf Meter hoch. Aus dem Zittelhaus führt kein Weg ins Freie. Nur herüben, am Ostende des langgestreckten Baues, wo die Räume des Observatoriums untergebracht sind, hat Peter Maylechner einen Zugang freigehalten. Monatelang währt der Kampf mit den Schneewehen, die täglich neu vom Sturm gegen die Hauswand geschleudert werden. Morgen für Morgen erkämpft sich Peter Maylechner den Weg vor die Hütte. Das südseitige Fenster wenigstens schaufelt er immer wieder frei, damit durch die eisüberzogenen Scheiben das Licht des Tages in die enge Küche fallen kann.

Ein Gang auf Leben und Tod ist der halsbrecherische Aufstieg auf den Turm. Das Schalenkreuz, das mit seinen Umdrehungen die Windstärke aufzeichnen sollte, ist bis zur Unkenntlichkeit mit hartem Eis bedeckt. In aller Morgenfrühe klettert Peter wie alle seine Vorgänger über eisstarrende Leitern, die kaum einen Halt bieten, außen am Turm in die Höhe. Mit einer Holzkeule schlägt er das Eis von den Stangen und Schalen. Eine Hand hat er dabei frei. Mit der klammert er sich an einen primitiven Haltedraht — der selbst wiederum von harten Eisfahnen starrt — um nicht vom Sturm in den Abgrund geschleudert zu werden. Öfter als einmal geschieht es dann bei dieser gefährlichen Morgenarbeit, daß ein großer Eisbrocken vom Schalenkreuz losbricht und ihm auf den Kopf fällt. Er fürchtet sich nicht so leicht vor etwas, wenn er aber an einem Wintertag heil vom Turm herunterkommt, ist er jedesmal froh, daß es gut abgegangen ist.

So ein Wetterwart ist in allem und jedem auf sich selbst angewiesen. Das einzige, was ihn in einem langen Winter mit der Welt und mit den Menschen verbindet, ist ein dünner Draht, der, in Eis und Schnee begraben, seine Meldungen ins Tal leitet und aus dem ihm dreimal täglich — schwach, wie aus einer anderen Welt — eine menschliche Stimme Antwort gibt. Reißt dieser Draht, dann fällt auch die letzte Verbindung. Dann ist der Mann auf dem Sonnblickgipfel tot für die Welt, und diese Welt hat für ihn zu bestehen aufgehört.

Peter Maylechner nimmt das alles hin, als ob es so sein müßte. Er kennt es gar nimmer, das Leben in heimeligen Stuben und freundlichen, sonnebeschienenen Häusern. Einmal war auch das schön, heute ist er froh, daß er es vergessen konnte. Lieber hier in der Eiswüste leben, als drunten im Tal täglich an ein zerbrochenes Glück erinnert werden ...

Diesmal hat der Winter verfrüht eingesetzt mit seiner ganzen erbarmungslosen Härte. Das Holz, das der Alte die langen Monate über zum Heizen und Kochen benötigt, hat er schon in den Sommermonaten nach und nach heraufgeschafft oder heraufbringen lassen. Aber mit der Verproviantierung ist er nicht nachgekommen. Noch immer liegen unten in Kolm-Saigurn Mehl und Konserven, Zucker, Schmalz und Erdäpfel.

Es nützt alles nichts. Will er nicht verhungern, muß er bisweilen auch an bitterkalten Wintertagen ins Tal abfahren und dann schwerbeladen durch den metertiefen Schnee zurückwaten. Kommt einmal eine Unwetterserie daher, dann kann es geschehen, daß er am Abend hungrig schlafen geht, weil der karge Vorrat bloß eine Mahlzeit zu Mittag gestattet. Und von denen unten im Tal fände kaum einer an solchen Tagen den Weg herauf auf den Berg. Es kommt vor, daß die Rauriser im Winter eine Woche lang und noch drüber keine Spur vom Sonnblick zu sehen bekommen, da die tiefhängenden Schneewolken wie ein eiserner Vorhang das Tal im Süden versperren. Es wäre vermessen, diesen Vorhang öffnen zu wollen.

Ja, man muß nur ein wenig nachdenken, dann kommt man schon darauf, was es heißt, dort oben auch im Winter auszuharren.

Die Kinder haben daheim erzählt, daß sie in der Schule den alten Peter Maylechner als „Helden“ gefeiert haben. Heuer, in dem strengen Winter, werden auch die Großen nachdenklich, und manch einer, der bisher über den Peter als einen alten, mürrischen Sonderling geschimpft hat, nimmt sich vor, ihm im nächsten Frühjahr, wenn er wieder herunter nach Rauris käme, trotz seiner Bärbeißigkeit einen besonders freundlichen Gruß zu sagen.

Aber das Frühjahr ist noch weit. Wenn der Winter sich einmal in die Berge gehockt hat, ist er nicht so leicht zum Fortgehen zu bringen. Während in den Gärten und auf den Wiesen im Tal schon längst die Blumen blühen, liegt auf den Höhen noch viele Meter hoch der weiße Schnee.

Das wissen auch die Leute drinnen in den Städten. Sie freuen sich darüber und kommen um Ostern herum mit ihren Schiern angerückt, um auf den verschneiten Hängen Freude und Erholung zu finden. Da kann es denn auch öfter sein, daß in das stille, einsame Leben des Wetterwarts jugendliche Fröhlichkeit hereinplatzt und daß der enge Raum um das Herdfeuer von einer munteren Schar wagemutiger junger Leute angefüllt ist. Mit ihnen hat der Peter seine liebe Not, wenn sie ihm in Unachtsamkeit oder im Unverstand die Instrumente antappen. Lian sieht die seltenen Gäste schon lieber, er darf mit manchem Leckerbissen rechnen, der ihm bei seinen kargbemessenen Winterrationen höchst willkommen ist.

Den sechzehn Burschen, die heute mit ihren Bretteln heroben waren, blickt der Wetterwart recht besorgt nach, als sie schneidig und kühn über das Ochsenkarkees ins Tal abfahren. Er hat sie gewarnt und wollte sie nicht weglassen. Das Wetter gefällt ihm gar nicht recht. In den vergangenen Jahren hat er so seine Erfahrungen gesammelt. Es liegt was in der Luft an diesem Märztag. Und es tät ihn nicht wundern, wenn heute oder morgen noch ein paar Lawinen niedergingen. Das hat er ihnen auch gesagt, aber sie haben es nicht glauben wollen und haben ihn ausgelacht, er wäre eben ein alter Schwarzseher. Da ist der alte Maylechner grob geworden. Auch das hat nichts genützt. So hat er sie denn in Gottes Namen ziehen lassen. Aber leid täte ihm schon um sie, wenn ihnen etwas zustieße, sie waren gute Kameraden und noch so jung ...

Seit ihm das mit Hermann passiert ist, hält er es nicht aus, einen jungen Menschen in Gefahr zu wissen.

Der alte Peter, der den Berg kennt wie ein anderer seinen Hof, hat sich noch selten geirrt. Er kann sich auf sein Gefühl verlassen. Keine Stunde später donnert irgendwo auf der Nordseite eine Lawine zu Tal.

Wieder eine Stunde später durcheilt Rauris eine Schreckensnachricht: Eine Lahn, die von einer Schifahrergruppe oberhalb Kolm in der Höhe der Melkerböden losgetreten worden war, ist durch den Maschingraben abgefahren und hat alle bis auf drei mit in die Tiefe gerissen.

Der Oberlehrer spricht in der Schule mit den Großen grad davon, wie es dem Menschen durch den Fortschritt der Technik gelungen wäre, die Kräfte der Natur sich dienstbar zu machen.

Da reißt die Frau des Postmeisters die Tür auf und ruft die eben erhaltene Kunde dem Oberlehrer ins Zimmer herein.

Der schließt sofort den Unterricht und schickt die Buben und die Mädel in alle Windrichtungen auseinander, die Männer des Bergrettungsdienstes zu verständigen. Er selber bleibt in Gedanken versunken vor den leeren Bänken stehen, auf die die Frühlingssonne helle Flecken zeichnet. Wie war es doch schnell? Haben sie nicht soeben einen Aufsatz schreiben wollen: „Der Mensch besiegt die Natur“ ...?

Langsam räumt der Lehrer die Bücher und die Hefte vom Tisch. Dann verläßt auch er die Klasse.

Unterstützt von einigen freiwilligen Helfern, rüsten überall in den Höfen die Männer des Bergrettungsdienstes in fieberhafter Eile zum Aufbruch.

Von den guten Wünschen und frommen Gebeten der Rauriser begleitet, ziehen sie nach Kolm-Saigurn.

Ihre Rückkehr gleicht einem einzigen langen Leichenzug. Nach stundenlangem, mühevollem Suchen und Graben war es ihnen gelungen, zehn von den jungen Schifahrern aus den Schneemassen zu bergen. Die bringen sie nun in die Rauriser Kirche. Es sind zehn Tote. Die Suche nach den dreien, die noch fehlten, mußte aufgegeben werden. Es besteht wenig Hoffnung mehr, sie noch lebend zu bergen.

In der Michaelskapelle auf dem Rauriser Friedhof, südlich der Pfarrkirche, liegen die Leichen nebeneinander aufgebahrt. Sie scheinen alle nur zu schlafen, so friedlich sind die Gesichter. Durch die schmale Kapellentür drängen sich die Leute. Das Herz tut ihnen weh, wenn sie so viel blühende Jugend tot vor sich sehen. Noch fehlen die Särge, also liegen sie dicht nebeneinander, so wie sie ihre letzte Fahrt vom Leben in den Tod angetreten haben. Die Kinder sind in den Wald gelaufen und haben frisches, duftendes Tannenreisig hereingeholt. Damit decken sie die Toten bis über die Brust herauf zu. Das nimmt dem Tod viel von seinem Schrecken weg.

Nacheinander treten die schlichten Männer und Frauen des Dorfes an die Leichen heran, verrichten stumm ihr Gebet und gehen schweigend wieder in ihre Häuser zurück.

Klopfenden Herzens betritt Hermann die Totenkapelle. Er kann sich lange nicht von dem Anblick trennen. So wäre auch er wohl im vergangenen Sommer dagelegen, kalt und leblos, wenn der Großvater ihn nicht in letzter Stunde wie durch ein Wunder gefunden hätte. Zu dem Vaterunser für die Toten betet er noch zwei dazu: eines zum Dank dafür, daß er heute noch leben darf, und eines für den Großvater.

„Die Berge sind immer noch stärker als die Menschen!“ sagt

der Oberlehrer, als er am nächsten Morgen vor den Kindern steht. Hermann aber denkt bei sich: Nur der Großvater ist stärker gewesen, der hat den Berg besiegt... Und heimlich zieht er das Heft hervor und schlägt die Seite auf, auf der groß die Worte stehen: „Peter Maylechner, der Wetterwart vom Hohen Sonnblick, ist auch ein Held!"

Ein paar Tage später findet man die fehlenden drei Verschütteten. Die grausige Ernte des weißen Todes ist damit beendet.

Das Jahr nimmt weiter seinen Lauf.

In den Wochen zwischen Ostern und Pfingsten bricht es von allen Seiten los. Aus dem Hüttwinkltal vom Sonnblick, Ritterkopf und Hochnarr herunter und aus dem Seidlwinkltal von der Paßhöhe des Hochtors herab brausen die Schmelzwasser und lassen sich nur widerwillig in das Bett der Rauriser Ache zwängen. Gaisbach und Einödbach stürzen von zwei Seiten auf das wehrlose Dorf. Es ist leicht zu glauben, daß die reißenden Wogen des wildgewordenen Gaisbaches vor fünfhundert Jahren einmal sogar die Kirche zum Einsturz gebracht haben. In den Häusern, die im Graben drinnen über dem tosenden Wasser am Berghang kleben, rufen sie an den Abenden, wenn das drohende Rauschen durch Tür und Fenster schwillt, alle vierzehn Nothelfer zur Abwehr herbei. Die Wege sind überflutet, die Stege weggerissen, und die Trümmer einer alten hölzernen Bauernmühle, die seit Jahrzehnten friedlich am Bachrand stand, donnern mit den räuberischen Wogen hinaus ins Tal. Der Einödbach aber hat wieder einmal die Wiesen und Felder des Loitfellner überflutet und schwemmt Steintrümmer und entwurzelte Bäume bis an die Mauern des Hofes heran.

Wohl kniet die Gemeinde am Sonntag andächtig beim Gebet, und der Herr Pfarrer, dem das leibliche Wohl seiner Schäflein nicht weniger am Herzen liegt als das seelische, hat für den Wettersegen die kräftigsten Bittsprüche ausgesucht. Auch der hl. Zeno, der himmlische Hochwasserpatron, der über dem linksseitigen Kirchentor seinen Platz hat, wird nicht vergessen. Trotzdem wird es aber gut sein, wenn man nicht alles Gott und seinen lieben Heiligen überläßt, sondern selber auch nach dem Rechten sieht. Drum wollen sie nicht mehr länger zuwarten und im heurigen Sommer endgültig mit der Wildbachverbauung beginnen.

Nach den Lawinen und dem Hochwasser gehen hinten im Tal die Muren nieder. Massen von Erde, Schutt, Gestein und großen Felsblöcken rutschen über die Steilflanken der Berge hinunter ins Tal, bedecken viele Meter breit die Straße und das Bett der Ache und versperren den Weg für Wasser, Mensch und Vieh. Beim Frohnwirt drinnen ist es gestern hart am Haus vorbeigegangen. Noch weiter hinten hat ein Murbruch zwei Blockhütten mitgerissen, die im Sommer dem weidenden Vieh Schutz vor der Hitze gewähren sollen, als ob es sich um dürre Äste gehandelt hätte, die zufällig im Wege lagen. Lawinen, Hochwasser und Muren haben nun einmal keinen Respekt vor den technischen Errungenschaften und dem Fortschritt der Menschen. Auf die Telefonleitung, die das Observatorium mit Rauris verbindet, scheinen sie es besonders abgesehen zu haben. Immer wieder taucht die verwitterte Gestalt des alten Maylechner im Tal auf. Er ist jetzt oft unterwegs, den angerichteten Schaden wieder gutzumachen.

Wenn man ihn so anschaut, den Sonnblickwetterwart, wie sicher er durch alle Gefahren hindurchschreitet, könnte man meinen, die bösen Mächte, die die Berge Jahr für Jahr auf die Menschen loslassen, hätten über ihn keine Gewalt.

Peter Maylechner fürchtet sie nicht. Aber er weiß, einmal wird die Stunde kommen, in der auch er der Schwächere sein wird. Dann wird man seine Leiche ins Tal tragen und ein anderer wird Wetterwart auf dem Hohen Sonnblick sein. Die Berge aber werden stehen und auf die Menschen niederblicken wie gestern und heute. Sie sind die Stärkeren.

Der Sonnblick mit seiner steilen Nordwand. Genau auf der mittleren Spitze steht seit hundert Jahren das weltbekannte Observatorium

Ignaz Rojacher, auch „Kolm Naz" genannt, der letzte Goldbergwerksbesitzer aus Rauris, der mit seinen Knappen die Sonnblick-Wetterwarte erbaute

Die alte Wetterwarte in einer Zeichnung aus dem Jahr 1894. Wenn in Vollmondnächten wie dieser der Sturm ums Haus pfiff und die Holzbalken zu stöhnen begannen, glaubten manche Wetterwarte, der „Kolm Naz“ geistere durch sein Haus

Ein glasklarer Bergkristall aus der Sammlung des Sonnblick-Wetterwarts Ludwig Rasser. Zwar sind sie nicht leicht zu finden, aber versteckt in entlegenen Klüften des Sonnblickgebietes gibt es immer noch viele dieser schönen Steine

Ein Stolleneingang des Rauriser Goldbergwerkes. Bergknappen waren die ersten Wetterwarte auf dem Sonnblick

Rauris an einem Frühlingsnachmittag. Ganz hinten links im Tal ist der Sonnblick zu sehen, der hier viel kleiner wirkt als die nicht so hohen Gipfel des Ritterkopfs und des Rauriser Mitterkamms

Erst im Talschluß von Kolm Saigurn zeigt sich der Sonnblick in seiner ganzen Größe. Direkt von den Gletschern herunter kommt das klare Wasser der Rauriser Ache

Oben: Im Winter sieht das Observatorium auf dem 3100 m hohen Berggipfel oft wie ein Märchenpalast aus Eis aus

Unten: Einer der ersten Wetterbeobachter auf dem Sonnblick war Peter Lechner, hier an seinem Schreibtisch. Er und sein Hund Lian hatten auf dem Sonnblick so manches Abenteuer zu bestehen

Wenn Schlechtwetter hereinbricht, dann wird es gefährlich auf dem Sonnblick. Viele Menschen konnten von den Wetterwarten gerettet werden, aber sechs Wetterwarte kamen in den hundert Jahren des Bestehens des Observatoriums selbst in Schneesturm oder Gewitter ums Leben

Am Ende des Hochgebirgswinters, im Mai, werden viele Schneeschächte in die Winterschneedecke gegraben und die Temperatur, das Gewicht, die Feuchte und die Verunreinigungen des Schnees gemessen. Die höchste gemessene Winterschneedecke auf dem Sonnblick betrug 11 m 90 cm!

Linke Seite: Bei Schönwetter kann die Arbeit eines Sonnblick-Wetterwarts Vergnügen machen, wie hier, wo Hans Lindler im Pulverschnee zu den Schneepegeln fährt, die weit verstreut auf den Gletschern rund um das Observatorium liegen

Am unteren Ende der Gletscherzungen fließt der Gletscherbach oft aus einem großen Gletschertor, das mit seinen riesigen, mehrere Meter langen Eiszapfen wie der Eingang in einen Eispalast aussieht

In Zukunft soll der Sonnblick zu einer Umweltmeßstation ausgebaut werden. Seine luftchemischen Meßdaten vom Hauptkamm der Alpen sollen helfen, die Ausbreitung der Schadstoffe in der Luft besser zu verstehen, die große Waldschäden hervorrufen und die Gesundheit der Menschen gefährden

Mit den Niederschlagsmeßwerten vom Sonnblick können die Wassermengen vorherberechnet werden, die in einem Alpenstausee zur Stromerzeugung aufgestaut werden können. Hier der Wurtenstausee südlich des Sonnblicks

Nächste Seite: Das im Jahr 1981 neugebaute Sonnblickobservatorium, auf das auch in Zukunft viele Forschungsaufgaben warten, die uns die rauhe Umwelt des Hochgebirges besser verstehen lassen werden

Fotonachweis:
Archiv des Sonnblickvereins, Wien: 2, 3, 9
Reinhard Böhm, Wien: 1, 6, 7, 10, 12, 13, 14, 15, 16, 17, 18, 19
Zeichnung von Z. Diemer, Hofgastein: 5
E. Wolkersdorfer, Hofgastein: 8

EINSAMES STERBEN

Wie rasch doch die Zeit vergeht! An sich selber würde Peter Maylechner es nicht bemerken. Er war sein Leben lang kerngesund und ist es Gott sei Dank heute noch. Und auf dem Sonnblick heroben vergeht ein Jahr wie das andere. Es ist immer wieder dasselbe: der Schnee und die Kälte, Nebel und Frost, der rebellische Südwind und die rasenden Stürme von Norden. Im Sommer drei Monate Getriebe auf dem Zittelhaus, mit vielen Bergsteigern, die ihm das Leben sauer machen, weil sie so viel neugierig sind und alles von ihm wissen wollen. Im Frühling und im Herbst hie und da eine Schifahrergruppe oder ein schrulliger Einzelgänger, die bei ihm auf dem Observatorium Zuflucht suchen und finden. Dazwischen Professoren aus Wien und aus aller Welt, die sich auf Tage oder Wochen im anstoßenden Gelehrtenzimmer einquartieren, schwere Rucksäcke mit Proviant und Instrumenten mitbringen und Tag und Nacht Sonne, Mond und Sterne, Luft und Wolken betrachten, unsichtbare Strahlen erforschen und geheimnisvollen Schwingungen nachspüren. Mit ihnen versteht sich der alte Wetterwart noch am besten. Sie reden nicht viel, aber sie brauchen ihn, und er geht ihnen gern an die Hand. Meist sind es freundliche und bescheidene Menschen, die sich gar nichts auf ihre Gescheitheit einbilden und die alle Strapazen und Entbehrungen eines längeren Aufenthaltes ertragen, um der Wissenschaft zu dienen. Da erkennt dann Peter Maylechner immer wieder aufs neue, daß er auf einem gar stolzen und wichtigen Vorposten steht und daß es nicht für die Katz ist, wenn er so viele Jahre hindurch getreulich das Wetter beobachtet und aufgezeichnet hat. Seine Eintragungen, die Ziffern und Zeichen, die Peter mit groben Fingern in die Beobachtungslisten eingesetzt hat, dienen allen Forschungsarbeiten als Grundlage. Es hat also schon einen Sinn gehabt, so viele Sommer und Winter auf dem Berg auszuharren.

Daß er das zusammengebracht hat, empfindet er als eine große innere Freude. Oft hat es Tage gegeben ohne einen Bissen Nahrung, Wochen ohne jede telefonische Verbindung, Monate ohne einen Tag Sonne und ein halbes Jahr ohne die Nähe eines Menschen. Das gerade machte ihm freilich am wenigsten Kummer. Lian, der treue Bernhardinerhund, hat von der ersten Stunde an das Schicksal seines Herrn geteilt. Und wenn's einmal im Winter ganz arg wurde, das Thermometer bis auf minus 37 Grad sank, der eisige Sturm das Haus durchschüttelte und das Brennholz knapp wurde, dann rückten die beiden Sonnblickbewohner unter einer Decke eng zusammen, und Peter wärmte die halberfrorenen Hände im zottigen Fell des Tieres. Daß sie beide darüber nun fast fünfzehn Jahre älter geworden sind, kommt ihnen gar nicht in den Sinn.

Nur wenn er sein Enkelkind anschaut, dann weiß auch Peter Maylechner, daß die Zeit nicht stillesteht. In diesem Sommer kommt der Bub schon aus der Schule. Vier Jahre sind es nun bald, daß er ihn damals drüben beim Goldbergspitz gefunden hat... Vier Jahre... Und ihm kommt's vor, als ob das alles gestern gewesen wäre: der Gang durch den Nebel, die querlaufende Kinderspur im Schnee, der schlafende Bub — und das andere: „— — — zu dir hab ich wollen, Großvater!"... Heut' noch wird ihm warm ums Herz, wenn er daran denkt. Vier Jahre...! Wie die Zeit vergeht — — —!

Diese letzten vier Jahre waren schön, fast so schön, wie sein Leben früher einmal gewesen war. Wußte er doch wieder, daß ihn einer lieb hatte! Und er ist jeden Sommer wiedergekommen, der Bub. Einmal nahm ihn der Leonhard für ein paar Tage mit, wenn er grad längere Zeit in Kolm zu tun hatte, ein anderes Mal durfte Hermann eine Touristengruppe begleiten, die in Rauris ihr Standquartier hatte, — und wenn's ihm, dem Großvater, zu lang gedauert hat, dann ist er einfach wieder einmal hinunter und hat sich sein Enkelkind selber heraufgeholt.

Es ist doch sonderbar. Da ist er froh, wenn er von den Menschen nichts hört und sieht — und freut sich doch ganz närrisch, wenn die Tür aufgeht und der Bub hereinstürmt. Seine Mutter drunten im Tal könnte nicht besser für ihn sorgen als er. Wieviel Mühe gab er sich doch, den bescheidenen Speisezettel zu verbessern! War unter den Konserven dann und wann etwas besonders Feines dabei, so sparte er es gewiß für Tage auf, an denen Hermann heroben war.

Der Bub stand ihm auch niemals im Weg herum. Im Gegenteil! Gern nahm der Großvater ihn überallhin mit. Oft brauchte er ihm die Dinge nicht zu erklären, Hermann begriff alles rasch. Seit vorigem Jahr ist es Hermanns größter Stolz, selbständig die Klimaablesungen vorzunehmen und zu notieren. Der alte, erfahrene Wetterwart hatte dann nur zu prüfen und fand meist alles richtig. Das Herz wollte ihm nach fünfzehn Jahren wieder lachen, als er gar den Vierzehnjährigen in der Gelehrtenstube drinnen sitzen sah, über einen Berg von Zeitschriften, Büchern und Tabellen gebeugt. Halbe Tage las und studierte der Bub, und wenn er auf ein Wort stieß, das er nicht verstand, dann rief er den Großvater zu Hilfe. Wußte der auch keine Erklärung, weil es irgendein besonders schwieriges lateinisches Wort war, dann blieb immer noch der Oberlehrer, den er fragen konnte. Nach jedem Ausflug auf das Sonnblickobservatorium klopfte der Loitfellnerbub an der Tür der Oberlehrerwohnung an, und Sigmund Holzreiter freute sich stets über den Wissensdurst seines aufgeweckten, besten Schülers.

„Wirst noch einmal was Tüchtiges werden, Hermann!" sagt er und legt ihm die Hand auf die Schulter. Dabei irrt der Blick über ihn hinweg durch das Fenster ins Freie, als suche er einen Weg. Studieren müßte der Bub, es ist schad' um so viel Talent. Aber wie hinauskommen aus dem Tal? Daran ist vorläufig nicht zu denken.

Bei seinem letzten Besuch vor dem Winter erzählt Hermann

dem Großvater, daß er jetzt meist eine Stunde länger in der Schule bliebe. Vieles hätte er schon vom Herrn Oberlehrer erfahren von fremden Ländern und Völkern und von alten Zeiten, in denen es mächtige Reiche gab, die heute längst versunken sind. Ja sogar das Lateinische hat er schon versucht — und er kann gar nicht genug bekommen vom Lernen. Früher einmal war es so, daß der alte Großvater dem Buben allerhand Dinge erzählte vom Berg und seinen Geheimnissen. Heute sitzt der Großvater stundenlang schweigend auf seinem Bett, raucht die Pfeife und hört dem Buben zu, wie er mit glühenden Wangen von der großen, weiten Welt erzählt.
Dabei muß er immer dran denken, was denn aus dem Buben werden soll. Der Bub selber möcht' am liebsten aufs Gymnasium nach Salzburg und dann Meteorologe werden. Das weiß aber vorläufig niemand außer dem Oberlehrer, Leonhard und natürlich auch Mariedl, die nach wie vor alles mit ihm teilt. Aber wie sollte ein armer Rauriser Bub jemals so etwas erreichen können! Das viele Geld brächten die Loitfellnerleute ja doch nie zusammen. Aber machen tät' er's, der Bub! Wenn der was anpackt, dann wird immer was draus — und wenn im letzten Augenblick auch der alte Großvater eingreifen muß, so wie damals vor vier Jahren beim Goldbergspitz.
Und zum erstenmal seit fünfzehn Jahren ist dem Alten der Gedanke gekommen, mit hinunter zu gehen ins Tal, als er dem Buben von der Hütte aus nachblickte. Noch einmal winkte der Bub zurück und noch einmal, ehe er ganz hinter dem steilen Eishang untertauchte. Lange blickte Peter Maylechner nach der Stelle, wo der dunkle Kopf zuletzt noch als kleiner schwarzer Punkt zu sehen war ... Er weiß selber nicht, warum ihm diesmal so hart geschieht. Ist's, weil er meint, der Bub brauchte ihn drunten auch, oder weil es einmal sein könnte, daß es das letztemal war, daß er ihn sah ... Der Bub hat eine leere Stelle in seinem Herzen zurückgelassen, die nicht einmal Lian ausfüllen kann.

Keinen Winter noch hat er so oft von seiner Eisburg aus hinausschauen müssen ins Tal, dorthin, wo aus der weißen Schneedecke kaum erkennbar die Häuser von Rauris auftauchen ...
Schneller als sonst ist dann der Frühling in die Berge gekommen. Warm schmiegt sich die Sonne mit ihren Strahlen an die verschneiten Hänge und säubert die Almen vom Winterschnee. Bis zum Bodenhaus herein ist das Tal schon grün. Viele Lawinen sind niedergefahren, und über die Nordwand herauf schallt das Tosen der Wasserfälle, die von Tag zu Tag anschwellen, daß man meinen könnte, sie wollten die Berge selber mit hinunterschwemmen.

Schon vor zwei Jahren ist dem alten Peter Maylechner aufgefallen, daß er sich in den Frühlingswochen ein bißchen schwer mit dem Arbeiten tat. Aber das ging vorüber. Nur heuer will es ihm nicht recht gefallen. Ist er denn wirklich schon so alt? Soeben kommt er von einem Kontrollgang zu den Niederschlagsmessern auf dem Fleißkees zurück und muß sich hinsetzen. Auf einmal kriegt er keinen Atem. Das Herz arbeitet übermäßig rasch. So arg war es noch nie. Das ist aber erst heute so, gestern war er noch gesund. Peter ... Wirst doch nicht richtig krank werden wollen da heroben in der Einsamkeit?

Er braucht nur auf den Turm zu steigen und einmal um das Haus zu gehen: schon spürt er das Herz wieder. Er weiß nicht recht, soll er sich darüber ärgern oder sich Sorgen machen. Er war eigentlich in seinem ganzen Leben nie ernstlich krank. Damals, vor fünfzehn Jahren, ein paar Monate nach seiner Übersiedlung auf den Berg, da hat es ihn einmal drei Wochen hingeworfen, daß er schon meinte, er müsse es wieder aufgeben. Seither ist er aber gesund geblieben bis auf den heutigen Tag. Mit fünfundsechzig Jahren ist man freilich auch nicht mehr der Jüngste.

Vielleicht ist's doch nur das Frühjahr und der Föhn. Ob ein Doktor was wissen täte? Aber er hat ein Leben lang keinen gebraucht, er wird auch jetzt ohne ihn auskommen. Käme auch keiner so schnell herauf bei dem gefährlichen Wetter! Und dann: gegen den Tod ist kein Kraut gewachsen. Das hat er bitter genug an Weib und Kindern erfahren müssen...

Sonderbar, daß er gleich ans Sterben denkt. Na ja, schließlich — einmal wird's ja doch sein müssen. Jetzt hat er sich schon so an den Sonnblick gewöhnt, an das Wetter heroben und an das Haus, an seinen Dienst und an das harte Leben, daß er sich's gar nicht recht vorstellen könnte, wie das wäre, wenn er, der Peter Maylechner, einmal nimmer lebte...

Unsinn das — noch lebt er ja!

In der Nacht spürt er's wieder. Er kann lange Zeit nicht einschlafen. Er bekommt keine Luft. Er steht auf und öffnet ein kleines Guckloch, das im Fenster eingebaut ist. Vor dem Schlafengehen hat er minus elf Grad abgelesen, jetzt werden's vielleicht schon fünfzehn sein. Das ist ihm gleich. Er meint, nun wäre es mit dem Atmen besser. Endlich, lange nach Mitternacht, schläft er ein.

Die nächsten Tage sind nicht besser. Plötzlich wird er müde. Müdigkeit hat er früher überhaupt nicht gekannt. Jetzt spürt er jedes Stück Holz, das er draußen im Vorraum hackt. Und vom Turm hätte es ihn heute früh beinahe hinuntergerissen bei Windstärke sieben. Grad daß er sich noch im letzten Augenblick an die Leiter anklammern konnte. Dabei erinnert er sich an Tage mit Windstärke elf und zwölf. Die Hölle war los, und er ist droben gestanden, angepreßt an das eisstarrende Gestänge, und die schweren Brocken, die er vom Schalenkreuz loshieb, riß es wie Papier unter seinen Händen weg. Er aber trotzte dem höllischen Sturm! Doch heute hat ihn zum erstenmal der Schwindel gepackt, als er beim Herunterklettern über die Turmleiter nur einen Blick in die Tiefe nach Kolm-Saigurn warf.

Peter Maylechner ist ein Mensch, der so seine Ahnungen hat. Selten, daß es anders gekommen ist. Alle Unfälle und Katastrophen hat er mehr oder weniger deutlich vorausgesehen. Wenn ihn nicht alles täuscht, kommt diesmal die Reihe an ihn selber. Wenn's sein muß: für ihn ist es wohl nur noch ein Schritt. Auf dem Weg zwischen Erde und Himmel wandert er sozusagen ja schon fünfzehn Jahre lang. Der Berg war eine Zwischenstation. Aber wenn man auch von den Menschen längst Abschied genommen hat, umso mehr hat man sich mit den Bergen angefreundet, mit den Wolken und dem Wind, mit der Sonne, mit Mond und Sternen, mit Tag und Nacht und — nicht zu vergessen! — mit dem alten, treuen Hund, dem einsamen Lebensgefährten. Es wird also schon auch ein Abschiednehmen sein, bevor er die Augen für immer wird zumachen müssen.

Und Hermann! Der Bub drunten in Rauris — ist der niemand? Vor fünf Jahren, da wär's ihm noch viel leichter gefallen als heute. Wenn es nicht allzu gefährlich wäre grad jetzt zur ärgsten Schneeschmelze, bei seiner Seel, der Bub müßt' noch einmal heraufkommen! Denn daß er selber noch einmal nach Rauris hinunterkäme, daran glaubt er nicht mehr recht.

Zwischen den einzelnen Ablesungen und Wettermeldungen sitzt er müde an seinem Küchentisch und stützt den Kopf schwer auf die Hände. Er denkt zurück, wie alles war in den fünfundsechzig Jahren seines Lebens. War viel Schatten drin, aber auch viel Sonne. Doch das Leid liegt irgendwo eingesargt in der Tiefe, und nur das Glück und die Freude blühen vor ihm auf. Und Hermann springt immer wieder dazwischen, der Bub, der einzige Mensch wohl, der ihn, den alten Klotz, heute noch gern hat. Wenn einen halt eins gern hat, ist's schon schwerer, das Abschiednehmen . . .

Aber vielleicht ist das alles nur Einbildung, und er ist gar nicht krank. Jetzt müßte einer heraufkommen, der ihn kennt, Leonhard zum Beispiel. Der könnte sagen, wie er ausschaut. Ob man's ihm schon ansieht, daß er ans Fortgehen denkt.

Peter steht auf und nimmt den längst erblindeten und zerbrochenen Spiegel vom Nagel, den sein Vorgänger wahrscheinlich einmal zum Rasieren verwendet hat, und betrachtet darin sein Gesicht. Schön schaut das ja grad nicht aus. Wenn er nur wüßte, ob nun der alte Glasscherben schon so miserabel ist oder er selber. Er wird nicht klug daraus und hängt den Spiegel an seinen Platz zurück. Er hätte ihn ebensogut zum Fenster über die Nordwand hinauswerfen können. Der Nachfolger wird es gewiß tun.

Am Abend hält er Nachschau unter seinen Sachen. Er will das wenige, das er besitzt, in Ordnung bringen. In einem Holzkoffer unter dem Bett liegen zusammengebündelt alte Zeitungen, Bilder und Briefe. Viel ist es ja nicht, was ihn noch an sein früheres Leben erinnert, aber in den fünfzehn Jahren auf dem Observatorium hat sich manches angesammelt. Er nimmt einen Stoß nach dem andern her und beginnt zu lesen. So ziehen die Jahre noch einmal an ihm vorüber ...

Ein paar Bilder seiner verstorbenen Kinder, eines von seiner Frau. So hat sie ausgesehen, als er sie geheiratet hat. Lang ist das her. Grad unwirklich kommt es ihm vor, daß das alles einmal wahr gewesen sein soll. Eine halbe Stunde hält er das Bild in Händen und starrt es an, tränenlos und mit einem dumpfen Gefühl im Herzen. Dann legt er es weg. Die Zeitungsblätter schiebt er der Reihe nach ins Ofenloch.

Da sind noch alte Zahlungsbestätigungen aus der Zeit des Goldbergbaues für Arbeiten, die er als junger Zimmermann geleistet hat. Ein Bild vom Bau des Observatoriums mit Rojacher und einigen anderen. Eines vom halbvollendeten Zittelhaus. Beim Bau von beiden hat er mitgeholfen. Damals ahnte er noch nicht, daß er die Balken für die eigene Wohnung zimmerte. Briefe von Wiener Professoren kommen zum Vorschein, die sich für die geleistete Hilfe bei ihren Forschungsarbeiten bedanken. Schon will er auch das alles in den Ofen stecken, da besinnt er sich eines anderen, nimmt ein altes Zeitungsblatt, schlägt es herum und schreibt außen groß darauf: „Für Hermann!" Er weiß, der Bub hat eine Vorliebe für so altes Zeug, der wird sich freuen und wird die Dinge in Ehren halten. Alle Dokumente, zum Teil schon recht alt und vergilbt, die in nüchternen, amtlichen Worten davon Zeugnis geben, daß ein Peter Maylechner, gebürtig aus Rauris, fünfundsechzig Jahre lang auf der Erde herumgegangen ist, kommen obenauf. Dann stellt er den Holzkoffer an das Fußende des Bettes, vor die Tür zum Gelehrtenzimmer. Das wäre in Ordnung.

Er selbst geht wieder an seine Arbeit. Es soll ihm keiner etwas nachsagen können. Solange er auf zwei Füßen stehen und sich fortbewegen kann, darf keine einzige Eintragung fehlen. Nur das Schalenkreuz auf dem Turm droben gibt ihm arg zu schaffen, wenn er es jeden Morgen vom Eis befreien soll.

Lian muß es auch spüren, daß sein Herr anders ist als sonst. Er weicht keinen Schritt von seiner Seite. Peter nimmt ab und zu den großen Hundekopf zwischen die Hände und blickt ihn so seltsam an, daß das Tier leise und wehmütig zu knurren beginnt. Dann fährt er ihm streichelnd durch das haarige Fell, steht auf und geht langsam hinaus vor die Hütte. Eine stete Unruhe ist in ihm, die er sich nicht erklären kann.

Eines Tages in der Früh, als er von der Nordostecke des Hauses hinüber zum Dachstein blickt, um die Sichtverhältnisse zu prüfen, fangen die Berge in der Runde sich zu drehen an. Ihm wird schwarz vor den Augen. Mit den Händen muß er sich an die Hauswand klammern und langsam tastend, um die Ecke herum, die kleine Bank an der Südseite der Hütte aufsuchen. Schwer läßt er sich darauf nieder, und seine Linke tappt unbeholfen über den Kopf des Hundes hin. Die Morgensonne liegt leuchtend über dem weiten Firnfeld des Ochsenkarkeeses. Wie ein großes, weißes Linnen, muß er denken...

Er hat sich niemals im Leben etwas vortäuschen lassen. Auch der Tod kann ihm nichts vormachen. Er weiß schon, jetzt ist es Zeit, er wird bald gehen müssen. In Gottes Namen! Einmal muß es ja sein. Und vom Sonnblick ist der Weg in den Himmel ein gutes Stück näher als unten von Rauris.

Ja, weiß er denn überhaupt, ob er in den Himmel kommen wird? In der Kirche war er jetzt länger als fünfzehn Jahre nicht mehr. Grad nur ein Sprüngerl dann und wann, wenn er nach Rauris kam. Ein paarmal war der Pfarrer heroben und ist bei ihm zugekehrt. Dann haben sie von dem und jenem geredet. Der Herr Pfarrer hat ihn verstanden. Der alte Peter ist ja schließlich niemals ein schlechter Kerl gewesen — und das, was ihm die Menschen nicht verziehen haben, hat der Herrgott ihm wohl nachgelassen. Vergessen hat er den Herrgott ja keinen Tag. Das könnte einer gar nicht, wenn er jahrelang so nah dem Himmel wohnt. Über dem Bett in der Ecke hängen das Kreuz und zwei Heiligenbilder, und unter dem Kopfpolster liegt der Rosenkranz. So hat er als Christ einfach und schlicht heroben gelebt und sich im übrigen keinen Deut drum gekümmert, was die Leute dazu sagen könnten. Wenn sie ihn brauchten — und sie brauchten ihn oft! — hat er ihnen immer geholfen. Mehr als hundert verdanken ihm ihr Leben ...

Jetzt sitzt er wahrhaftig da heraußen in der Sonne und sinniert! Dabei sollte er doch über die Stiege hinauf ins Turmkammerl zu den Instrumenten. Er steht auf und versucht, über die schmale und steile Treppe zum Dachboden hinaufzusteigen. Er kann es nicht mehr. Da wankt er zurück, tritt in die Küche und lehnt sich neben dem Wandtelefon an die Mauer. Dann dreht er sich herüber, kurbelt mit aller Kraft an dem Kasten und hebt den Hörer ab. Rauris meldet sich. Im Draht knistert es, daß man kaum ein deutliches Wort versteht. Warum die Meldung um eine halbe Stunde verspätet käme, fragt der drunten. Sie wäre auch jetzt nur unvollständig, antwortet Peter. Eine gute Weile gehen Frage und Antwort hin und her, dann hat der Postmeister begriffen, daß droben etwas nicht in Ordnung sei. Die Stimme des Wetterwartes hatte schon die Tage zuvor einen sonderbaren Klang gehabt. Der Postmeister hat die Schuld dem Telefon gegeben. Nun hört er von Maylechner selber, daß es ernst wäre. Es muß schlecht um ihn stehen, denkt der Postmeister, wenn er das einmal selber zugibt. Ob er denn krank sei? Er solle doch herunterkommen. Das wäre wohl nimmer gut möglich, gibt der Peter zurück. Ob jemand hinaufkommen solle zur Pflege? Der Postmeister weiß zwar im Augenblick keinen, der das täte, aber er fragt halt.

Da reißt sich der alte, todkranke Wetterwart zusammen und sagt:

„Du weißt, Postmeister, seit ich da heroben bin, hab ich zum Leben die Menschen nicht gebraucht, ich brauch sie auch zum Sterben nicht. Ich bleib am liebsten allein, bis es zu End sein wird. Nur meine Verwandten grüß mir — und den Buben!"

Dann hängt er den Hörer auf und schleppt sich quer durch die Küche hinüber zum Bett. Er wehrt sich dagegen, sich schon bei lebendigem Leib hineinzustrecken, als ob er auf dem Schragen läge. Aber jetzt hat's ihn erwischt und läßt ihn nimmer los. Es nützt ja nichts, sich dagegen aufzulehnen. Also legt er sich der Länge nach hin, und seine Augen wandern die alte, rauchgeschwärzte Decke auf und ab.

Das Atmen fällt ihm immer schwerer. Stoßweise ringt er nach Luft. Er erinnert sich, immer gehört zu haben, daß es mit Menschen, die ihr Leben lang gesund waren, dann umso rascher zu Ende ginge. Ihm kann es recht sein. Er blickt auf die Uhr. Die zeigt elf oder zwölf, er kann es vom Bett aus nicht mehr genau unterscheiden. Ist auch gleichgültig, ob eine Stunde früher oder später ...

Lian — alter Freund! Schau nicht so traurig drein —! Das läßt sich nicht ändern. Wirst wohl der einzige sein, dem ich abgehe — morgen — — —

Der Hund legt die breite Schnauze auf die Bettdecke neben das

Gesicht seines Herrn und wendet keinen Blick von ihm. Durch sein Hundeherz zieht eine große, stille Trauer. Er ist ja nur ein Tier und versteht die Dinge nicht beim Namen zu nennen, so wie die Menschen. Aber das spürt er: daß sich jetzt in seinem Leben viel verändern wird.

Peter Maylechner richtet sich noch einmal mit letzter Kraft von seinem Lager auf und blickt mit weitgeöffneten Augen in der kleinen Küche umher. Will er schon Abschied nehmen von den vier Wänden, die fünfzehn Jahre lang auf ihn niedergeschaut haben? Vielleicht auch das, aber er war der festen Meinung, Hermann sei zur Tür hereingekommen. Ganz deutlich hat er Schritte gehört. Der Fußboden hat geknarrt. Niemand da? Aber der Bub kommt sicher. Nur er wird fort müssen, weit fort —.

Kraftlos sinkt er auf das Bett zurück. Vor seinen Augen flimmert es braun und weiß. Lian — guter Kerl — du bist da ...

Noch einmal murmeln die Lippen ein paar Worte wie ein Stoßgebet. Dann streckt sich der Körper unter der rauhen Decke, und der Kopf rutscht gegen die Schulter ab.

Lian weiß, das ist das Ende, und kann es doch nicht glauben. Unermüdlich schnuppert er das leblose Gesicht seines Herrn ab. Dann fängt er ganz leise zu winseln an, als könnte er damit die entflohene Seele an die Stätte ihres gemeinsamen Lebens zurückrufen.

In derselben Stunde donnerte aus der eisgepanzerten Flanke des Hochnarrs eine Lawine ins Tal. Das war Peter Maylechners Totengeläut.

Leonhard Rubatscher hat einen Tag später mit zwei Raurisern und dem Hüttenwirt von Kolm-Saigurn den Aufstieg gewagt. Einen Handschlitten schleppten sie mit sich. Da alle Anrufe vergeblich gewesen und droben alles still geblieben war, mußten sie damit rechnen, einen Schwerkranken, wenn nicht gar einen Toten vorzufinden.

Als sie sich der Hütte auf dem Gipfel näherten, verriet nichts die Anwesenheit eines Menschen. Ohne daß sich Rauch emporkräuselte — wie sonst immer um diese Zeit — stach der schwarze Schornstein über dem Dach in den blauen Frühlingshimmel. Keine Fußspur deutete darauf hin, daß jemand das Haus verlassen hätte.

Vor dem Eingang zum Observatorium lag eine dünne Schicht frisch angewehten Schnees. Die Küchentür war bloß angelehnt. Als Leonhard sie behutsam öffnete, bot sich ihnen ein friedliches Bild.

Auf dem Bett lag ausgestreckt der alte Wetterwart, still und regungslos. So hat den alten Peter noch keiner liegen sehen. Er war tot.

Neben dem Bett aber saß der große Bernhardinerhund und hielt die Totenwache. Er hatte sich vierundzwanzig Stunden lang nicht von der Stelle gerührt. Die Knochen, die Peter ihm noch am Morgen des Vortages neben den Herd hingestellt haben mochte, hatte er nicht angetastet.

Die vier Männer blieben in dem engen Rahmen der Tür auf der Schwelle stehen, rückten die Hüte von den Köpfen und murmelten ein Vaterunser für die arme Seele. Lian sah sich einen Augenblick nach den Fremden um und legte sofort wieder die Schnauze dahin, wo weiß und knöchern die rechte Hand des Wetterwartes lag, die ihn so lang schon nicht mehr gestreichelt hatte.

Leonhard trat als erster näher. Hätte ihn das treue Tier nicht so gut gekannt, es wäre den anderen wohl kaum gelungen, an den Leichnam des Verstorbenen heranzukommen. Lian knurrte und winselte und beobachtete argwöhnisch ihr Tun: wie Leonhard sein Ohr an die kalte Brust des Toten legte, wie sie ihn dann in Decken einschlugen, das Haupt verhüllten und den Leib gemeinsam vor die Hütte trugen. Lian folgte ihnen auf dem Fuße. Draußen betteten sie die dunkle Last auf den Schlitten.

Leonhard ging noch einmal in die Hütte zurück. Soweit er es verstand, brachte er die Instrumente in Ordnung, daß sie inzwischen keinen Schaden litten. Als er einen Blick ins Beobachter-Tagebuch warf, um herauszufinden, um welche Zeit der Alte gestorben wäre, fand er als letzte Eintragung „9 Uhr“ und daneben mit zittriger Schrift die fünf Worte:
„Weite Sicht — Himmel ganz offen.“
Das war das letzte gewesen, was der Wetterwart vom Hohen Sonnblick, Peter Maylechner, auf dieser Erde gesehen hat.

Drei Tage hernach tragen sie ihn in Rauris drunten zu Grabe. Aus dem ganzen Tal strömen die Menschen zusammen. Er hat sie seit dem schweren Schicksalsschlag vor siebzehn Jahren zwar alle gemieden — kaum einer hat seither ein vernünftiges Wort mit ihm reden können. Nun aber, da er nach so langer und tapfer ertragener Einsamkeit droben auf dem Berg gestorben ist, vergessen sie gern alles Ungute und Widerwärtige und zeigen damit, daß sie doch Achtung haben vor seinem stillen Heldentum.
Und wenn er auch ein Grobian geworden war und ein alter Einsiedler, ein guter Mensch ist er ja doch allezeit geblieben. Jetzt nach dem Tod sieht alles anders aus. Fünfzehn Jahre da droben zu leben und zu arbeiten war eine Leistung, auf die sie als seine Landsleute stolz sein konnten. Das sagt auch der Herr Pfarrer bei seiner Grabrede. Wenn sich schon die Menschen in der letzten Zeit seines Lebens nicht immer mit ihm ausgekannt haben, der Herrgott wird wissen, wie er ihn zu behandeln hat ...
Von einem schmiedeeisernen Grabkreuz in der Nähe grüßt viermal der Name „Maylechner“ herüber. Ein Weib und drei Kinder warten auf ihn. Es hat lang gedauert, bis auch er heimgefunden hat.
Hermann Loitfellner, das Enkelkind, steht ganz vorne am offenen

Grab und kann es noch immer nicht glauben, daß der Großvater für immer fortgegangen ist und daß der Sonnblick jetzt in fremde Hände kommen soll.

An der Seite des Buben steht Lian, der alte Bernhardinerhund. Er war seit dem Abtransport der Leiche keinen Schritt von seinem toten Herrn wegzubringen. Im Leichenzug trottete er mit hängendem Kopf unmittelbar hinter dem Sarg neben Hermann dahin.

Als sich längst alle aus dem Friedhof verlaufen haben und der Totengräber das Grab zuzuschaufeln beginnt, läßt sich das Tier nicht von der Stelle jagen. Auch alle Lockungen Hermanns bleiben ohne Erfolg. Also lassen sie wohl oder übel den Hund auf dem Friedhof zurück; der Bub bringt ihm vom Totenschmaus eine große irdene Schüssel voll Fleisch und Knochen an das Grab.

Die Schüssel finden sie unberührt am nächsten Morgen vor. Der Hund liegt an den Grabhügel angepreßt und ist vor Ermattung eingeschlafen.

Ein Tag vergeht noch, während der darauffolgenden Nacht aber stirbt Lian an Hunger und an Gram über den Tod seines Herrn.

Und weil der Loitfellnerbub den Totengräber so inständig darum gebettelt hat, drückt dieser ein Auge zu und verscharrt den Hundeleichnam rasch und unauffällig in der Friedhofsecke, dort, wo neben dem Gerätehaus das Unkraut üppig wuchert. Sooft Hermann nach der Sonntagsmesse am Grabhügel des Großvaters stehen wird, werden seine Augen auch hinüberwandern nach der stillen Ecke, wo er hart an der Mauer unter dem dichten Gestrüpp einen guten Freund begraben weiß.

DIE WEGE TRENNEN SICH

Leonhard Rubatscher überlegt nicht lange. Der Großvater ist tot. Man kann das Observatorium nicht verwaist lassen. Weit und breit ist kein Mensch, der Lust hätte, für ein, zwei Wochen hinaufzugehen, bis von Wien jemand kommt und einen neuen Wetterwart mitbringt. Also packt er seinen Rucksack und macht sich auf den Weg. Er hat es nach dem Begräbnis des Alten den Herren aus Wien versprochen.

Noch ist das Wetter tückisch in diesen frühen Maitagen und der Aufstieg über das verschneite Ochsenkarkees beschwerlich. Hermann soll Leonhard begleiten, denn Leonhard braucht den Buben droben, und er verspricht, auf den Kleinen recht achtzugeben. Leonhard selbst hat wenig Erfahrung im Umgang mit den Instrumenten, während Hermann sich darin auskennt, als wäre er selber schon Wetterwart gewesen.

Der Vater war zuerst dagegen, auch die Mutter sah es nicht gerne. Da mußte schon wieder der Herr Oberlehrer her. Er redete mit den Loitfellnerleuten, und so ließen sie denn das Kind in Gottes Namen ziehen. Er selber befreit Hermann für die kurze Zeit vom Schulbesuch. Der Bub wird droben mehr lernen, als er ihm herunten im Unterricht beibringen könnte. Und Hermann wüßte nicht, was er lieber täte, als mit hinauf aufs Observatorium steigen!

So kommt es, daß der Bub mit seinen vierzehneinhalb Jahren für ein paar Tage den Traum seiner Kindheit verwirklicht sieht, selbst Wetterwart vom Hohen Sonnblick zu sein.

Die beiden richten es sich in der kleinen Küche des Observatoriums ein, so gut es geht. Vieles ist da, was an Peter Maylechner erinnert. Die alten Papiere aus dem Holzkoffer nimmt Hermann wie einen kostbaren Schatz an sich. Ehrfürchtig fast und immer darauf bedacht, alles so zu machen, daß der Großvater, wenn er noch lebte, mit ihm zufrieden wäre, geht der Bub an die

Instrumente heran. Sie teilen sich die Arbeit: dort, wo es auf Bergerfahrung, Kraft und Ausdauer ankommt, springt Leonhard ein. Für das Ablesen der einzelnen Klimawerte, die Aufzeichnungen und Eintragungen ist Hermann da. Wenn er das Beobachter-Tagebuch vor sich aufgeschlagen hat und daran denkt, daß vor einer Woche noch der Großvater da hineingeschrieben hat, wird ihm ganz andächtig zumute. Alles könnte er sich vorstellen, nur das nicht, daß das Heft jetzt ein Fremder in die Hand bekommen sollte.

Es wird aber doch so sein müssen, meint Leonhard.

Zum zehnten Male wandert die Sonne den täglichen Weg von der Hochalmspitze hinüber zum Großglockner. Als sie um die Mittagsstunde über dem Mölltal im Süden ein wenig Rast hält, ehe sie den Abstieg gegen Westen antritt, tauchen über dem Gletscherrand zwei dunkle Gestalten auf. Der Bub hat sie zuerst bemerkt und ruft Leonhard herbei. Der holt das Glas und erkennt zwei Männer. Einen großen, stattlichen, der sich beim Gehen im weichen Schnee etwas schwer zu tun scheint, und einen kleineren, dessen buschiges Haar im Winde flattert. Jetzt bleiben sie stehen. Sie reden miteinander. Deutlich trägt der Wind einzelne Worte herauf. Dann kommen sie näher und näher. Leonhard ist davon überzeugt: einer von den zweien wird der neue Wetterwart sein. Er erwartet sie unter der Hüttentür. Der Bub steht an seiner Seite und weiß selbst nicht recht, ob zum Empfang oder zur Abwehr.

Eine Menge dummer Gedanken schießen ihm durch den Kopf. Aber was will er denn? Er hat doch von Anfang an gewußt, daß er nicht heroben bleiben kann. Und der Großvater ist nun einmal tot. Daran wird er sich gewöhnen müssen.

Der Große tritt als erster auf sie zu.

„Grüß Gott, beide!" sagt er mit einer warmen und freundlichen Stimme, und aus dem rundlichen Gesicht blicken zwei dunkle Augen gar nicht ungut auf den Buben nieder. „Sie sind also

der Rubatscher, der uns so brav aus der Verlegenheit geholfen hat. Ich dank Ihnen. Aber wer ist denn der Bub?"
So schnell kann Leonhard gar nicht antworten, als sich der Bub vor den fremden Herrn hinstellt, ihm die Hand reicht und sagt:
„Hermann Loitfellner heiß ich. Ich bin das Enkelkind vom alten Maylechner. Ich hab einstweilen aufs Wetter achtgegeben."
Da bricht der kleinere, blonde Mann, der den Buben eben zur Seite schieben wollte, um ins Haus zu treten, in ein schallendes Gelächter aus.
„Du — und aufs Wetter achtgeben! Na, das kann nett ausschauen!"
Mit rotübergossenem Gesicht steht der Bub auf der Schwelle und zieht mit einem Ruck die Tür hinter sich zu, daß sie dem anderen beinahe an den Kopf fällt. Er kämpft mit den Tränen.
„Der Wetterwart vom Sonnblick war mein Großvater!"
Das klingt scharf, wie eine Herausforderung. Der andere scheint sie nicht zu verstehen. Nur der große, freundliche Herr legt ihm die Hand auf die Schulter und beugt sich zu ihm nieder. Er ahnt, was in diesem Augenblick in der Seele des Buben vorgeht.
„Da warst du wohl oft heroben beim Großvater und kennst dich ein wenig aus in der Arbeit?"
„Es ist schon so", meint Leonhard, „ich hab ihn gar gut brauchen können. Sie werden ja selber sehen, er kennt sich aus wie ein Großer."
Nun stellt sich auch der fremde Herr vor.
„Professor Steiner aus Wien. Ich habe den neuen Wetterwart mitgebracht, Herrn Habermann, und werde ihn in sein Amt einführen."
Herr Habermann hat sich inzwischen selbst eingeführt. Er steht schon drinnen im Vorraum vor der Küchentür.
Leonhard geht rasch an ihm vorüber und beginnt, in der Küche alles wegzuräumen, was ihnen gehört. Das schmutzige Geschirr

vom Mittagessen stellt er auf den Herd. Er wird es dann noch sauber machen, bevor sie weggehen. Aber daß sie jetzt nicht mehr lange bleiben können, das fühlt er nur allzu gut.

Dem Buben kommt es schwer an. Wie im Traum wandelt er in der Küche hin und her. Es dauert eine geraume Weile, bis er alles auf einem Stoß beisammen hat, was ihm der Großvater an kleinen Andenken hinterlassen hat. Damit steigt er traurig hinauf in die Dachkammer, wo schon Leonhard mit dem Einpacken beschäftigt ist.

Die scharfe, überlaute Stimme des neuen Wetterwartes schallt durch das ganze Haus. Geräuschvoll geht er durch alle Räume. Türen krachen auf und zu. Dem Buben gibt es jedes Mal einen Stich ins Herz. So hat er sich das Ende nicht vorgestellt.

Was nützt es schon, daß der Professor aus Wien so freundlich zu ihm war? Der neue Wetterwart, dieser Habermann, gefällt ihm gar nicht. Kommt da herauf und schiebt ihn einfach auf die Seite, als ob er hier überhaupt nicht hergehörte. Das tut dem Buben weh. Es war doch sein Großvater, der fast fünfzehn Jahre hier gelebt und gearbeitet hat. Da wird er doch ein Recht darauf haben, auch hier zu sein...

Leonhard findet anscheinend nichts dabei. Ohne ein Wort zu reden, macht er sich für den Abstieg zurecht. Es ist schon einmal so auf der Welt. Einer kommt, der andere geht. Sie sind jetzt überflüssig hier.

Aber Hermann steht da, und das Wasser steigt ihm in die Augen. Diesem wildfremden Menschen, der da heraufkommt und so tut, als ob alle nur auf ihn gewartet hätten, der gar nicht zu wissen scheint, wie sehr dem Buben die kleine Küche, das Haus und der ganze Berg ans Herz gewachsen sind durch die Jahre, dem soll er einfach das Feld räumen. Eben hat er ihn draußen auf der Stiege zu dem Professor sagen hören, er, der Habermann, werde es ganz anders machen als sein Vorgänger, dieser närrische, alte Querkopf! So redet der von seinem Großvater! Das ist dem

Buben zuviel. Ist noch keine Stunde heroben und schimpft über einen, der stärker war als alle anderen, die jemals auf den Sonnblick gekommen sind. Hermann weiß, man soll keinem Menschen etwas Böses wünschen. Aber dem Habermann wünscht er kein langes Leben da heroben. Das Observatorium, wie es da steht, ist für ihn ein Andenken an den Großvater und ein kostbares Erbstück von ihm. Daß er das jetzt für immer verlieren soll, das will ihm nicht in den Sinn.

Größer sollte er schon sein und so alt wie der Leonhard! Dann würde er zu dem Professor hingehen und ihm sagen: Lassen Sie mich da bleiben und Wetterwart sein!

Draußen ziehen sich dunkle Wolken um das Haus zusammen. Der Wind pfeift stärker. Es ist nicht ratsam, bei diesem Wetter den Abstieg zu wagen. Der Professor spricht mit Leonhard und weist ihm und dem Buben den Dachraum über der Küche zum Schlafen an. Er selbst richtet sich's im Gelehrtenzimmer ein, der neue Wetterwart aber rumort in der Küche umher, daß man ihn trotz des Sturmwindes im ganzen Hause hört.

Hermann übergibt die Tabellen mit den Eintragungen, das Beobachter-Tagebuch und alles, worum er sich in diesen zehn Tagen gekümmert hat. Er geht damit aber nicht zu Herrn Habermann, sondern zu dem Herrn Professor. Der staunt über die Maßen und kann sich nicht genug darüber wundern, woher denn der Bub in dem Alter schon das Wissen habe. Er prüft die Angaben und Zahlen, vergleicht und findet keinen Fehler, kaum einmal eine unvollkommene Eintragung. So etwas ist ihm noch nicht untergekommen.

„Sag, Bub, was willst du denn einmal werden?"

Wie staunt er, als der Bub, ohne viel nachzudenken, prompt zur Antwort gibt:

„Meteorologe!"

„Das freut mich aber", sagt der Professor, „da hab ich heute auf dem Sonnblick also meinen jüngsten Kollegen getroffen."

Dann streicht er Hermann durch den dichten, dunklen Haarschopf, und seine Frage klingt recht ernst:
„Ja, da müßtest du aber viel studieren. Könntest du das?"
„Können tät ich schon und wollen tät ich auch — aber das Geld haben wir halt nicht dazu. Und drum tät es der Vater auch nicht erlauben."
Über das helle, freundliche Gesicht des Professors fliegt ein Schatten. Er dreht sich um und schaut durch das Fenster hinaus in das Nebeltreiben.
Hermann steht eine Weile unschlüssig da, dann grüßt er verlegen und sucht die Dachkammer auf. Hat er jetzt etwas Unrechtes gesagt? Er setzt sich auf das Bett und fängt leise zu weinen an. So elend war ihm noch nie zumute wie in dieser Stunde.
Leonhard verhandelt drunten in der Küche mit dem neuen Wetterwart wegen des Holzes, das in der nächsten Zeit von Kolm auf die Hütte heraufzuschaffen wäre.
Am späten Nachmittag braut sich über dem Sonnblick ein Unwetter zusammen, wie es selbst Leonhard auf den Bergen selten erlebt hat. Drei Gewitter stoßen aufeinander. Es ist unmöglich, auch nur einen Schritt von der Hütte wegzutreten. Wütend springt der Sturm von allen Seiten das Haus an, und ein wilder Hagel von Eiskörnern prasselt gegen die Scheiben. An die schindelbedeckten Wänden und auf das Dach trommelt es, als spielte der Teufel selber zum Tanze auf. Blitz auf Blitz durchzuckt das graue Wolkenmeer, in dem der Berg zu versinken scheint. Jedes Aufflammen vor den Fenstern begleitet ein krachender Donnerschlag, einmal kurz und scharf wie ein Schuß, dann lang und rollend, als polterten hausgroße Felstrümmer die Nordwand hinunter.
Die Hütte stöhnt und ächzt in allen Fugen. Immer dann, wenn ein Blitz sein grelles Licht durchs Fenster schießt, zischt es in der Küche so unheimlich, daß dem neuangekommenen Wetterwart angst und bange wird. Er ist zwar schon öfter in den Bergen

herumgekommen, aber so etwas hat er noch nicht erlebt. Von jedem Mauerhaken, jedem Nagel, ja selbst von der Herdplatte springen Funken ab. Da! Ganze Feuerbüschel sprühen von den Eispickeln und den Bergschuhen in der Ecke. Alles rundherum ist mit Elektrizität geladen. Der Blitzableiter, der den steinernen Turm um einige Meter überragt, hat viel zu tun, alle die Blitze einzufangen, die auf das Gipfelhaus niederfahren. Da mag es dann bisweilen vorkommen, daß ein Strahl sich aus dem Bündel löst und sich seinen Weg quer durch die Hütte in die Erde sucht.
Herr Habermann macht sich eben beim Herd zu schaffen, da spürt er plötzlich einen Schlag, der durch alle Glieder fährt. Er weiß nicht, wie ihm geschieht. Feurige Kreise drehen sich vor den Augen. Gut vier Meter weit schleudert es ihn durch den Raum gegen die Tür zur Gelehrtenstube, daß sie krachend aus dem Schloß springt. Völlig benommen richtet er sich wieder auf und wankt mit zitternden Knien zum Bett. Himmel-Donnerwetter! Das ist ein netter Empfang, den ihm da der Berg bereitet!
Den beiden in ihrer Dachkammer ist auch nicht zum Lachen. Aber sie sind böse Wetter gewöhnt. Sie hören es auch, wie da drunten etwas lärmend durch die Küche fliegt. Hermann kriecht rasch unter das Bett und öffnet leise den Schuber im Fußboden, sodaß er durch das Wärmeloch in die Küche hinunterschauen kann. Was er sieht, freut ihn diebisch. Der neue Wetterwart kommt soeben leichenblaß zum Bett gekrochen. Herr Habermann war es also, den es da durch die Küche geschleudert hat. Er dürfte dabei etwas abgekriegt haben, denn er blutet stark aus Mund und Nase.
Professor Steiner kommt aus seinem Zimmer und gibt sich alle Mühe, dem schwer angeschlagenen Wetterwart behilflich zu sein und ihn zu beruhigen. Langsam zieht sich der Bub wieder zurück. Den Schuber läßt er auf alle Fälle offen.
Es wird immer unheimlicher. Das Zischen und Knistern, das Poltern und Prasseln hört nicht mehr auf. Wäre nicht Herr

Habermann, dem er diesen Einstand vom Herzen vergönnt, den Buben möchte das Gruseln packen. Blitz auf Blitz schlägt jetzt neben ihnen ein. Dabei schüttelt es sie oft durcheinander, und die Dinge im Raum beginnen toll zu tanzen.

Unterdessen wird es draußen Nacht. Da endlich werden die Blitze seltener, der Donner rollt in größeren Abständen und nun schon mehr aus der Ferne. Das Wetter ist im Abzug. Auch der Sturm läßt nach, und das wilde Eisschießen vor den Fenstern hat einem leichten Schneegestöber Platz gemacht.

Leonhard kommt mit dem Buben in die Küche herunter, um für sie beide ein bescheidenes Nachtmahl zu kochen. Sie tun, als wüßten sie nicht, was geschehen ist. Herr Habermann hütet sich, ein Wort zu sagen. Stumm und regungslos liegt er auf dem Bett. Der Appetit dürfte ihm vergangen sein. Über das Gesicht hat er ein nasses Tuch gebreitet. Hermann muß sich zusammennehmen, daß man ihm die Schadenfreude nicht anmerkt.

Die Tür zum Gelehrtenzimmer steht offen. Drinnen sitzt Professor Steiner und schreibt. Umsonst wartet der Bub, daß er herauskäme und mit ihm spräche. Also ist auch ihm nicht danach, viel zu reden. Es ist das seine letzte Mahlzeit heroben auf dem Observatorium. Er muß recht würgen, wenn er den Sterz hinunterbringen will. Dabei ist er rechtschaffen hungrig.

Mit einem kurzen Gute-Nacht-Gruß, den der Professor aus dem Zimmer heraus freundlich erwidert, gehen sie in ihre Schlafkammer zurück. Herr Habermann dreht sich auf seinem Lager ächzend zur Seite.

Spät abends klettert der Professor allein im Haus herum und besorgt für den verwundeten Wetterwart die Klimaablesung. Zu einer telefonischen Durchgabe kommt es nicht, da die Leitung durch das Unwetter wieder einmal zerstört worden ist.

„Da werden Sie morgen harte Arbeit haben, die schadhafte Stelle zu finden“, meint der Professor und rückt einen Sessel an das Bett des Wetterwartes heran.

Ein ärgerliches Stöhnen ist die Antwort.
Oben liegt der Bub unter dem Bett, mit dem Kopf über dem Wärmeschacht und horcht. Er kann jedes Wort verstehen.
Lange bleibt der Professor neben dem Bett sitzen. Er redet dem anderen zu und erklärt ihm, so etwas müsse man zu ertragen wissen. In dieser Höhe müsse man eben auf alles gefaßt sein, das habe er doch wissen müssen.
Dem anderen scheint die Lust für den Posten eines Sonnblickwetterwarts schon nach dem ersten Tag gründlich vergangen zu sein. Das Erlebte scheint ihm nicht nur seine Gesprächigkeit geraubt zu haben, sondern auch den Mut, allein mit all dem fertig zu werden, was ihn hier in Zukunft noch erwarten könnte.
Nach langem Hin- und Herreden meint er:
„Ich will doch nicht in vierzehn Tagen ein Krüppel sein. Da finde ich mir um das wenige Geld gewiß drunten etwas Besseres."
„Wenn Sie die Sache so betrachten, haben Sie freilich recht", hört der Bub noch den Professor sagen, dann rückt ein Sessel. Der Professor zieht sich in sein Zimmer zurück und schließt mit einem kurzen Gruß die Tür.
Herr Habermann brummt noch etwas von Hundewetter, verdammtem Berg und ähnliche unfreundliche Dinge. Dann rappelt er sich mühselig vom Bett auf und tappt durch die Küche. Dabei lamentiert er über eine geprellte Schulter, und da er meint, alle Zähne wären ihm aus dem Kiefer herausgebrochen, nimmt er den alten Spiegel vom Nagel. Kaum hält er den Glasscherben vors Gesicht, als er ihn auch schon verärgert in die Herdecke schleudert, wo er in ein paar Trümmer zerfällt. Der Lärm scheint ihn aber zu beschwichtigen, denn alsbald sucht er wieder sein Lager auf, schimpft noch über die grobe Bettdecke, dann aber löscht er das Licht, und es wird ruhig in der Hütte. Nur an den Holzwänden rüttelt der Sturm in vereinzelten Stößen.
Plötzlich hört der Wind ganz auf, und es wird unheimlich still.

Hermann liegt immer noch auf dem Bauch unter dem Bett, mit dem Gesicht über der nun finsteren Öffnung. Jetzt heißt es rasch handeln, bevor es zu spät ist und Herr Habermann einschläft.
Es ist immer gut, wenn man etwas gelernt hat. Und je mehr man kann, desto besser. Nicht umsonst versteht der Bub am besten von allen seinen Mitschülern die Kunst, allerlei Tierstimmen täuschend nachzuahmen. Rasch entschlossen legt er beide Hände vor den Mund und versucht einen neuen Laut, wie ihn kein Mensch und kein Tier von sich gibt. Er weiß selbst nicht, was das sein soll. Aber darum geht es ja jetzt nicht. Schaurig hört es sich an in der Finsternis, grad so, wie man's in alten Sagen liest, in denen unerlöste Seelen im Gemäuer klagen und stöhnen.
Unten bleibt alles still. Wiederum zieht der Bub so gruselige Töne durch die geschlossenen Finger, daß ihm selber nimmer ganz geheuer ist, obwohl der nächtliche Geist Hermann Loitfellner heißt. Leonhard brummt im Schlafe. Auch unten rührt sich jetzt etwas.
Ein Streichholz flammt auf. Hermann verhält sich mäuschenstill. Dann ist es wieder finster wie zuvor.
Da klagt schon wieder diese Geisterstimme! Und dazu scharrt und kratzt es im Holz, als ob einer durch die Wand ins Haus herein wollte. Hermann hätte sich beinahe einen Holzsplitter von dem Fußboden unter den Fingernagel gestoßen. Er saugt das Blut aus der Wunde und kommt drauf, daß das auch einen recht brauchbaren Geisterton ergibt.
Wieder wird es unten Licht. Gut, daß vom Bett aus die Öffnung in der Decke nicht deutlich zu erkennen ist. Noch dazu im flackernden Schein eines Streichholzes. Der Wetterwart sieht sich mit einem halb ärgerlichen, halb ängstlichen Gesicht im Raume um. Dann legt er sich wieder hin.
Hermann gibt sich noch nicht zufrieden. Mit einem langgezogenen

Winselton läßt er den Geist Abschied nehmen. Vorhin, beim Schein des Zündholzes, ist ihm etwas Neues eingefallen.
Grad unter dem Wärmeschacht steht der Herd, und zwar der Bottich mit warmem Wasser. Damit müßte sich auch eine gute Wirkung erzielen lassen. Der Bub probiert es und spuckt langsam und bedächtig aus der Höhe in das Gefäß mit Wasser. Platsch! macht es unten — und noch einmal: platsch! Jetzt möchte er nicht mit dem Herrn Habermann tauschen, denkt sich der Bub, so unheimlich hört sich das Aufklatschen der Spucke in dem Wasserbottich an.
Nun ist es aber Zeit, den Rückzug anzutreten. Ein undeutlicher, unterdrückter Fluch strömt mit der Küchenwärme von unten an sein Ohr. Sachte schiebt er den Schuber wieder über die Öffnung. Dieses schleifende Geräusch ist eben recht als letzter Gruß. Was jetzt in der Küche unten geschieht, kümmert ihn nicht mehr. Behutsam kriecht er ins Bett. Eine halbe Stunde später fällt er in einen tiefen Schlaf...
Nach dem Unwetter des vergangenen Abends und dem winterlichen Rückfall der Nacht zeigt sich in der strahlenden Morgenfrühe der Sonnblick doppelt schön. Von allen Felshängen glitzert der Neuschnee, und das Haus steht da, überkrustet von blendend weißem Eis. Vom Dachrand hängen meterlang die glänzenden Zapfen dicht nebeneinander. Die weite, geschwungene Fläche des Gletschers ist in gleißendes Licht getaucht. Über dieser verspäteten Winterpracht wölbt sich ein tiefblauer, wolkenloser Himmel. Man muß die Augen schließen vor so viel Herrlichkeit.
Hermann reißt sie zuerst einmal weit auf; denn als er munter wird und sich im Bett aufsetzt, sieht er vor dem kleinen Fenster den hellen Tag stehen. Er ist allein, das andere Bett ist leer. Sie wollten doch bei Morgengrauen nach Rauris absteigen. Er muß sich ganz tüchtig verschlafen haben. Die Sonne steht schon recht hoch über den Bergen. Wo der Leonhard nur ist? Und daß er ihn nicht rechtzeitig aufgeweckt hat?

Schnell schlüpft er in die Kleider, fährt mit den gespreizten Fingern zwei-, dreimal durch das Haar und huscht dann die steile Treppe hinunter.
Kein Mensch zu sehen. Vor der Hütte draußen muß er die Hand vor die Augen legen, so blendet das silberweiße Licht, das vom Gletscher herauf ihm entgegenstrahlt. Der Bub watet einige Schritte durch den knietiefen Schnee. Hier ist heute schon einer gegangen. Wahrscheinlich Leonhard. Aber die Spur führt weiter, bis hinaus an den Rand, dort, wo der Gletscher steil abfällt. Der wird doch nicht allein hinuntergegangen sein ... Hermann bleibt stehen und blickt zu der vereisten Hütte zurück.
Ja, was soll denn das heißen? Da klettert wahrhaftig Leonhard auf dem Turm herum und klopft mit der Holzkeule das Eis von den Stangen des Windmessers. Was fällt denn dem Leonhard ein? Dem Kerl, der so groß getan hat, helfen und für ihn sich den Hals brechen!
„Leonhard!"
Der läßt sich in seiner Arbeit nicht stören. Doch dann dreht er sich dem Buben zu und winkt mit dem Holz. Gleich darauf hämmert er aber schon wieder an dem Gestänge herum.
Eine Weile steht der Bub da und schaut ihm zu. Da hört er plötzlich hinter seinem Rücken rufen: „Guten Morgen!" Das ist die Stimme des Professors. Verwundert schaut er sich um. Richtig kommt Professor Steiner mit Seil und Pickel über den Gletscher herauf. Wo mag der schon so früh am Morgen gewesen sein? Da waren also die Fußspuren, die vom Hause wegführten, von ihm?
Nun, der Professor kommt ihm gerade recht. Noch ist er einige Schritte von ihm entfernt, da fragt er ihn schon:
„Was macht denn der Leonhard da droben? Wozu ist denn der andere da?"
Der Professor schüttelt den Kopf.
„Der andere ist da gewesen, Kind."

Hermann möchte am liebsten einen Luftsprung machen. Aber in dem tiefen Schnee geht das nicht, und dann möchte er sich nicht zu früh freuen. Wer weiß? Lieber noch einmal fragen.
„Und wo ist er jetzt, der Herr Habermann?“
Professor Steiner deutet nach der Richtung, von der er heraufgekommen ist.
„Drunten beim Neubau vermutlich. Wir sind schon um halb sechs Uhr früh mitsammen abgestiegen.“
„Was tun?“ fragt der Bub und weiß noch immer nicht recht, ob er sich schon freuen darf. „Telefon reparieren?“
Der Professor lacht bitter.
„Leider nicht. Herr Habermann repariert sich selber.“
„Und — bleibt er dann drunten?“
„Ich fürchte, ja.“
„Für — immer?“
Ganz laut und ungestüm kommt die Frage.
„Wahrscheinlich für immer“, antwortet der Professor. „Er wollte um keinen Preis noch eine Nacht länger heroben bleiben. Zuerst das Gewitter mit dem Blitzschlag — es hat ihn kräftig erwischt! — und dann noch, was weiß ich, was da war, heute nacht. Er hat sogar Gespenster gesehen. Es geht einer um, hat er behauptet. Das waren halt die Nerven —“
Das waren nicht nur die Nerven, lieber Professor, könnte Hermann sagen. Das wäre aber nicht klug, also läßt er es bleiben und tanzt nur wie närrisch im Schnee herum. Dann schickt er Leonhard einen Juchezer auf den Turm, daß der ordentlich erschrickt.
Nur der Professor scheint sich gar nicht freuen zu wollen. Ganz ernst steht er da und schaut verständnislos auf den Buben herunter.
„Ich weiß nicht, warum du dich gar so freust. Mir ist nicht zum Lachen. Jetzt steh ich da heroben auf dem Sonnblick, soll den neuen Wetterwart in sein Amt einführen und ihm alles erklären —

und der Wetterwart läuft mir davon! Dabei soll der Betrieb nicht unterbrochen werden."

Da stellt sich der Bub breitspurig vor den Professor hin und sagt:

„Wir zwei sind ja auch noch da, Leonhard und ich. Wir werden es schon machen! Auf uns können Sie sich verlassen. Wir rennen nicht wegen eines Gewitters davon! Und vor Gespenstern fürchten wir uns schon gar nicht!"

Professor Steiner muß lächeln.

„Das weiß ich schon. Und ich bin ja auch froh, daß ihr im Augenblick noch heroben seid. Obwohl ich mir —", und hier wird die Stimme etwas leiser, sodaß der Bub schnell die Augen zu Boden senkt, „was die Nachtgespenster betrifft, noch nicht ganz im klaren bin. — Aber was mach ich nächste Woche und später, wenn ihr längst wieder fort seid? Es ist nicht so einfach heutzutage, einen Wetterwart für den Hohen Sonnblick zu finden. Leute, die dafür taugen, liegen nicht auf der Straße herum. Dein Großvater hätte halt noch nicht sterben dürfen."

In dem Augenblick hat sich der Professor aus Wien den Rauriser Buben ganz erobert. Mit dem Ernst eines, der es wissen muß, sagt er:

„So einen wie den Großvater bekommen Sie nie wieder, Herr Professor!"

Dann gehen sie auseinander. Der Bub noch ein Stück hinaus in den nun doppelt hell strahlenden Schnee, der andere zurück ins Haus.

Während Professor Steiner in Gedanken weiter einen Wetterwart sucht, freut sich Hermann über die Maßen, daß er keinen gefunden hat. Denn so einer, wie der war, der da gestern heraufgekommen ist —! Na, dem haben sie schön heimgeleuchtet, das Wetter und er. Plötzlich zieht es ihm durch den Kopf: Was heißt, das Wetter? Der Großvater selber war's, ganz bestimmt! Der ist doch jetzt droben beim lieben Gott. Und wie dieser

Habermann gestern so abfällig über ihn geredet hat, da wird er es im Himmel droben gehört haben. Sicher hat er da den Petrus gebeten, er möge es ihm gehörig zeigen, daß ihm die Lust vergeht, noch einmal so etwas zu sagen! Und dann hat der Himmel alles losgelassen — und der Schlag, den der Mann beim Herd erwischt hat, das war sicher kein gewöhnlicher Blitzschlag, das war eine Ohrfeige, die der Großvater ihm von droben heruntergeschickt hat.

Mit einemmal ist es für den Buben eine feste Tatsache: das fürchterliche Unwetter gestern hat der Großvater über den Sonnblick gebracht. Umso mehr freut es ihn jetzt, daß auch sein Geisterspielen solchen Erfolg hatte. So haben also der Großvater und er wieder einmal schön zusammengeholfen.

An diesem Tag sitzen der Professor der Meteorologie Dr. Steiner, der Bergführer Leonhard Rubatscher und der Schulbub Hermann Loitfellner lange an einem Tisch beisammen und beratschlagen. Was dabei herauskommt, ist so bedeutungsvoll und hat für alle Beteiligten so unerwartete Folgen, daß vorher noch alle, die es mitangeht, gefragt und gehört werden müssen. Das Leben einer ganzen Familie soll sich von Grund auf ändern. Ganz neue Wege tun sich da mit einemmal vor ihnen auf.

Die Sache ist von solcher Wichtigkeit, daß der Professor vorschlägt, das Observatorium getrost für zwei Tage allein zu lassen und lieber gemeinsam nach Rauris hinunterzugehen und dort die Dinge ins reine zu bringen. Also brechen sie am nächsten Tag frühmorgens auf.

Die große Stube im Einödhof ist für einen Nachmittag zum Verhandlungsraum geworden. Es sind da zusammengekommen: der Herr Professor aus Wien, der Herr Pfarrer, der Herr Oberlehrer, Leonhard Rubatscher und seine Frau, die Burgl, Hermann, Michel, Mariedl und natürlich der Bauer und die Bäuerin. Ein so großer Entschluß will gut durchbesprochen und überlegt sein, bevor man zu allem ja und amen sagt.

Es geht darum, daß Leonhard und Burgl miteinander den Beobachterposten auf dem Sonnblickobservatorium übernehmen und daß Hermann nach Salzburg aufs Gymnasium kommen soll.

Am einfachsten liegt die Sache natürlich bei Hermann: dessen heimlicher Wunsch ist es ja schon lange, zu studieren und einmal Meteorologe zu werden, so wie der Herr Professor Steiner aus Wien.

Die Hauptschwierigkeit war bisher das Geld. Wer sollte das teure Studium bezahlen? Die Loitfellnerleute, die hart genug ums tägliche Brot ringen müssen, könnten es nicht leisten. Nun haben sich aber Leonhard und Burgl eingeschaltet: Daß alles so zusammenträfe, wäre vielleicht ein Fingerzeig von oben. Wenn sie beide als Beobachter auf dem Sonnblick ihr monatliches Gehalt zur Hälfte für den Buben verwenden, kann der studieren. Burgl hält auf ihren jüngeren Bruder große Stücke, und wenn ihr auch vor dem einsamen, harten Leben auf dem Berg droben bangt, der Gedanke, Hermann dadurch zum Ziel zu verhelfen, wiegt schwerer. Obendrein verspricht der Herr Professor, den Buben nicht aus den Augen zu verlieren und ihm ein Stipendium zu verschaffen. Der Oberlehrer freut sich herzlich, daß seinem kleinen Schützling und Freund geholfen wird. Der Herr Pfarrer hat zwar immer im stillen gehofft, daß aus Hermann einmal ein Geistlicher werden könnte. Das käme aber auf den Buben an. Und wenn er für die Wetterkunde mehr Interesse hätte, dann solle er halt in Gottes Namen statt der Theologie die Meteorologie studieren. Mit dem Himmel hätten ja beide zu tun, jede auf ihre Art.

Der Loitfellner und seine Frau müssen sich erst langsam daran gewöhnen. Ein bissel stolz sind sie ja insgeheim schon auf den Buben. Bei der Arbeit wird er nicht besonders fehlen, da ist schon Michel da, der mit seinen neunzehn Jahren bald den ganzen Hof allein übernehmen könnte. Aber daß Burgl mit Leonhard

auf den Berg ziehen und im Hof herunten einfach alles liegen und stehen lassen will, das gefällt den Eltern gar nicht.
Da schaltet sich aber Mariedl ins Gespräch ein. Das Dirndl ist jetzt über vierzehn Jahre alt und hat sich ganz prächtig herausgemacht. In zwei Monaten kommt sie aus der Schule. Dann will sie doppelt zupacken. So schwer ihr auch ums Herz ist, daß Hermann so weit fort und nur zwei- oder dreimal im Jahr heimkommen soll, sie verspricht den Bauersleuten, daß sie ihnen die Burgl ersetzen wird, so gut sie kann, und ungeschickt ist sie ja gerade nicht. Hermann soll sehen, daß sie auch etwas für ihn tun will.
Michel ist mit allem einverstanden. Ihm bleibt der Einödhof mit allem, was da liegt und steht. Er ist weder dem Hermann drum neidig, daß er studieren darf, noch beneidet er die Burgl um das Leben droben auf dem Berggipfel. Und so wäre soweit alles in Ordnung.
Am Abend gehen sie auseinander. Der Herr Pfarrer in seinen Pfarrhof, der Herr Oberlehrer ins Schulhaus und der Herr Professor ins „Bräu“, wo er im ersten Stock für zwei Tage ein Zimmer gemietet hat. Leonhard und Burgl, die es am meisten angeht, haben noch viel miteinander zu reden. Die Bauersleute und der Michel sind hinten im Stall, auch Hermann und Mariedl müssen tüchtig mithelfen, denn das Vieh hat kein Verständnis für lange Beratungen und will seine gewohnte Ordnung haben.
Vor dem Einschlafen hängt jeder seinen Gedanken nach.
Der Herr Pfarrer läßt die Burgl nur ungern ziehen. Sie war seine beste Chorsängerin und wird ihm am Sonntag beim Hochamt sehr abgehen. Daß sie droben auf dem Berg den lieben Gott vergessen könnte, das glaubt er nicht. Er wird sich schon manchmal umschauen um sie. Und Hermann — na ja, schön wärs schon gewesen, wie er sichs vorgestellt hat, aber der Bub ist ja noch jung. Wer weiß — — —
Der Herr Oberlehrer freut sich für den Buben. Er hätte keinen

Weg gewußt. Jetzt hat sich auf einmal alles von selber eingerichtet. Hermann ist sein Stolz in der Schule, er wird auch draußen seinen Weg machen. Und an ihm soll's nicht fehlen. Bis zum Herbst wird er ihm noch viel Latein beibringen. Und Mariedl läßt er sechs Wochen früher aus der Schule, damit sie daheim Burgl nicht so vermissen.

Dem Herrn Professor ist ein Stein vom Herzen gefallen. Nach dem verunglückten Habermannschen Experiment schien guter Rat teuer. Es war ein ausgesprochener Glücksfall, das mit dem Rubatscher und seiner Frau. Um die beiden ist ihm nicht bang. Spät am Abend hat er noch das Telegramm nach Wien abgesandt. Morgen vormittag erwartet er Antwort. Übermorgen wird er mit den zweien zum Observatorium aufsteigen.

Burgl bekommt es, wie sie so mit offenen Augen im Bett liegt und nicht einschlafen kann, mit der Angst zu tun. Sie ist immer eine der Lustigsten gewesen im Ort und hat noch nie einen Spaß verdorben. Aber das hier ist kein Spaß. Wird sie es überhaupt aushalten können da droben in der Einsamkeit? Mit keinem Menschen reden können, nur mit Leonhard ... Ein Glück, daß Leonhard da ist, der wird ihr halt über alles drüberhelfen müssen. Zeigen wird sie es aber niemandem, daß sie sich vor dem Sonnblick zum erstenmal in ihrem Leben fürchtet ...

Leonhard ist einer, der nicht viel redet und lieber anpackt, wo es etwas zu tun gibt. Er hat gesehen, daß das nun einmal für alle die einfachste Lösung wäre. Dabei macht er sich nichts vor. Der Dienst auf dem Observatorium ist schwer und gefährlich. Aber ihm ist bisher im Leben nichts geschenkt worden, und es ist schon alles eins, ob er sich oben plagt oder herunten. Hermann können sie damit beide zum Studium verhelfen, da wissen sie wenigstens, wofür sie sich plagen. Und daß einer für den andern einzustehen hat, das ist für Leonhard Rubatscher ein ungeschriebenes Gesetz. Es freut ihn auch, nun etwas für den Loitfellnerbuben tun zu können, da doch die Bauersleute damals vor fünf

Jahren sein Schwesterkind Mariedl so gut aufgenommen haben. Und daß die Burgl mit ihm geht, hinauf auf den Berg, das rechnet er ihr hoch an. Aber er hat es ja immer gewußt, die Burgl, die ist eine ganz Besondere.

Der Bauer und die Bäuerin reden nicht viel in ihrer Schlafkammer, aber beide denken ungefähr dasselbe: Kaum sind die Kinder aus dem Ärgsten heraus, gehen sie ihren Weg. Und es hätte keinen Sinn, wollte man sie mit Gewalt zurückhalten. Es ist immer das gleiche: die Eltern bleiben zurück und müssen sich allein zurechtfinden. Sie selbst haben es seinerzeit auch nicht anders gehalten.

Mariedl hat einen heißen Kopf. Hermann ist ihr ja doch der liebste von allen Menschen in Rauris, er hat sie immer gegen die anderen Kinder in Schutz genommen. Sie war die Vertraute seiner Bubenträume, die Mitwisserin seiner Geheimnisse, mit ihm hat sie das Tal für sich entdeckt, den Wald und die Almwiesen, die Bäche und all die verborgenen Wunder, von denen er so viel zu erzählen wußte. Das soll nun alles zu Ende sein ... Drei Monate noch — und Hermann zieht fort. Er wird bestimmt ein großer und gescheiter Mann werden, o ja, das weiß sie so sicher wie, daß sie immer stolz sein wird auf ihn. Aber was wird sich der Herr Student dann noch um das dumme Bauernmädel kümmern, das daheim bei den Eltern die Kühe und die Schweine füttert? Sie weiß wirklich nicht, soll sie sich freuen, daß Hermann nun ein großer Professor werden kann, oder soll sie traurig sein. Sie weiß nur, daß sich jetzt ihre Wege trennen müssen — und das ist schon eher zum Weinen als zum Lachen ...

Am meisten aufgeregt ist natürlich Hermann. Es wäre ja auch kein Wunder. Wovon er nur zu träumen wagte und wovon er nur ein paar ganz Verschwiegenen etwas erzählte, soll jetzt über Nacht Wirklichkeit werden! Schier zerspringen möchte ihm das Bubenherz, so angefüllt ist es bis oben mit freudiger Erwartung. Und daß Burgl, seine Schwester, sogar mit Leonhard seinetwegen auf den Berg hinaufzieht — das wird er ihr nie vergessen. Er darf ihnen allen nur keine Schande machen in Salzburg. Sie sollen sehen, daß auch er seinen Mann stellen kann! Daß er zum erstenmal so weit von daheim fort soll, ist ihm wohl nicht gleichgültig, und er wird oft an daheim denken müssen, an die Eltern und an den Michel, an die Schule und den Herrn Oberlehrer — und an Mariedl . . . Und gar an den Sonnblick! Und an die Heimatberge überhaupt. Aber er wird ja wiederkommen. Und wenn das Abschiednehmen auch ein wenig hart werden wird, vor ihm liegt das Leben wie eine breite, sonnige Straße, die hineinführt in neues, unbekanntes Land — — —

Der Berg aber, der ihnen allen zum Schicksal wird, steht groß und schweigend in der dunklen Nacht. Nur hoch droben über seinem weißen Haupt liegt ein blasser Schein, als hätte einer die Himmelstür geöffnet und sie eben erst geschlossen, sodaß das überirdische Leuchten noch von der Höhe widerstrahlt.

VON FROMMEN BRÄUCHEN UND VON UNFROMMEN GEISTERN

Das härteste Los scheint an jenem entscheidungsvollen Tag Burgl gezogen zu haben. Mit ihren fünfundzwanzig Jahren ist es ihr nicht leicht gefallen, Hof und Heimatort zu verlassen und in die schweigende Einsamkeit des Sonnblickhauses hinaufzuwandern. Gewiß gab sich Leonhard alle Mühe, sie viel Schweres vergessen zu lassen, aber was übrigblieb, war immer noch genug. So ein Mann erträgt das alles leichter. Ihn lockt das Abenteuer und die Gefahr, hier noch dazu verbunden mit einem wertvollen Dienst an den Menschen. Das Leben einer Frau aber ist eingespannt in die vier Wände des Hauses. Und es sind nicht nur die zweitausend und zweihundert Meter Höhenunterschied, die sie jetzt

von ihrem Heimathof trennen, der Unterschied ist himmelhoch, das erfährt sie zu jeder Stunde des Tages und der Nacht.
Unten sah sie während der Arbeit das Brot und die Früchte reifen, das Vieh gedeihen und die Vorratskammer sich füllen. Hier oben spürt sie von all dem nichts. In der Kammer stehen Blechdosen, und darüber hängt geräuchertes Schaffleisch. Das Brot ist drei Wochen alt und kaum noch zu beißen. Kübel voll Schneewasser müssen den klaren Quell ersetzen, der, in Röhren gefaßt, am Einödhof Mensch und Vieh so köstlich erquickt. In der engen Küche hängen zwischen Schöpflöffeln und Seihern meteorologische Instrumente umher, und dort, wo daheim die Dosen voll frischem Schmalz, voll Butter und Honig standen, gibt es hier heroben Bücher und Tabellen und Beobachtungsbogen in fröhlichem Durcheinander.
Wohl liegt auch der Einödhof abseits vom Ort. Aber in zehn Minuten war sie ja doch bei der Straße, an der die Häuser schön der Reihe nach stehen. Und aus jedem Haus flog ein freundlicher Gruß, und manch flüchtiger Plausch fand zwischen dem mühsamen Tagwerk seinen Platz. Der Krämer hatte seinen Laden weit offen und freute sich, alles, woran es daheim fehlte, mit raschen Griffen und einem sprudelnden, freundlichen Wortschwall in die mitgebrachte Tasche verstauen zu können. Dann und wann kam auf dem Weg in den Wald oder auf die Hochalm ein Rauriser am Einödhof vorüber, der mit ihr vor Jahren die Schulbank gedrückt hatte, oder es bog eine Freundin von der Straße ab zu einem kurzen Besuch. Wenn aber Sonntag war, dann stand Burgl hoch droben auf der schwebenden Sängerempore und jubelte ihr „Gloria" hinaus in das weite Kirchengewölbe, und tief unter ihr standen und saßen und knieten die vielen hundert Beter. Und wenn es zur Erntezeit oder in bösen Wintern vorkam, daß eine ganze Woche lang kein Mensch zu sehen war, es ist doch etwas anderes, zu wissen, dort drüben, wo der Rauch über die Dächer steigt, wohnen Menschen, und du brauchst nur

zu rufen, und sie hören dich — als in der engen Küche des Observatoriums zu sitzen und die Gewißheit zu haben, von allen Menschen getrennt, eingeschlossen zu sein in Nebel, Eis und Schnee, zu denen sich als ungebetener Gast allzu häufig und wild der Sturm gesellt.
Sie empfand es als wahres Glück, daß wenige Wochen nach ihrem Einstand auf der Wetterwarte auch das Schutzhaus seine Tore öffnete. Da zog dann für dreieinhalb Monate frohmunteres Leben aus den Städten und Tälern herauf auf den Berg. An der Hüttenwirtin vom Zittelhaus fand sie eine Gefährtin, die ihr in der ersten Zeit gern mit Rat und Tat zur Seite stand. Dann aber kam der Herbst, die Fremden blieben aus, die Schutzhütte sperrte den Betrieb, und die Wirtsleute zogen über den langen Winter hinunter nach Heiligenblut. Zurück blieben nur die Alpenkrähen und die schwarzen Bergdohlen, die im Gleitflug den Gipfel umkreisten, einander jagten und dann frei vor dem Fenster schwebten, hinter dem sie jemanden wußten, der ihnen Futter auf den kahlen Felsen streute. Die dunklen Gesellen waren die einzigen Getreuen, doch auch sie kamen immer seltener, je tiefer das Thermometer sank und je höher sich die Schneemassen türmten.
Leonhard Rubatscher wußte, wie sehr seine Frau unter der neuen Umgebung litt, und suchte ihr das schwere Leben so angenehm wie nur möglich zu machen. Es gelang ihm auch, sie nach und nach dahin zu bringen, daß sie aus dieser stolzen Höhe das Leben mit anderen Augen anzusehen begann. Und dann geschah es ja doch Hermann, dem Buben, zulieb. Der schrieb aus Salzburg so schöne Briefe, und sein Studium machte so erfreuliche Fortschritte, daß sie es nie zusammenbrächte, seine Hoffnungen zu zerstören.
Wenn es in der Zwischenzeit gerade nichts für den Wetterdienst oder für den gemeinsamen Haushalt zu tun gab, saß Leonhard manche Stunde beim Tisch und schnitzte irgendeine liebe Kleinigkeit, einen Wandschmuck, einen zierlichen Rahmen, eine Näh-

schatulle, ja sogar einen kleinen Herrgott für das dunkle Holzkreuz in der Ecke über dem Bett. Dabei pfiff und summte er ohne Unterlaß so vergnügt vor sich hin, daß Burgl nicht erst wartete, bis die Sonne draußen endlich den grauen Nebel zerriß. Sie ließ sich von der Munterkeit des Mannes anstecken und summte mit oder schlug gar mitunter selbst einmal einen übermütigen Bergjodler an. An den Abenden jedoch, wenn die Nacht wie ein schwarzer Vorhang undurchdringlich vor den Fenstern hing, langte sie die alte Zither hinter dem Bett hervor und spielte die lieben, vertrauten Weisen, wie sie drunten im Tal erklingen. Alle Sehnsucht nach den Menschen, die Schwere der Einsamkeit, aber auch das stille Glück, Leonhard neben sich zu spüren, ließ sie in ihr Spiel fließen, sodaß am Ende doch immer die Burgl aus Rauris stärker war als die Stürme, die ihr von Nord und Süd und West und Ost den Mut und die Freude aus dem Herzen blasen wollten.

Recht schwer ums Herz wurde ihr, als sie zum erstenmal in der Einsamkeit Weihnachten feiern mußten.

Etliche Tage vorher war Leonhard, als die Sonne für ein paar Stunden hell und freundlich von einem wolkenlosen Himmel lachte, mit den Brettern nach Kolm-Saigurn abgefahren und hatte ein kleines, wildes Tannenbäumchen, das bis zur Krone im tiefen Schnee stak, heraufgeholt.

Als nun der „Bachltag“, wie sie in Rauris den Heiligen Abend nennen, angebrochen war, suchte Burgl das Beste aus ihren Vorräten zusammen. Zu einem richtigen „Bachlkoch“, das sie aus Mehl, Milch, schwarzen Weinbeeren und Honig hätte zubereiten müssen, fehlte ihr freilich alles bis auf das Mehl und die Weinbeeren. Also wurde es eben ein einfacher Sterz, in dem nur die Weinbeeren daran erinnerten, daß heute nicht ein Tag war wie jeder andere im Jahr.

Da in der Rauris das Gesetz gilt, daß am Nachmittag des „Bachltages“ die Männer nichts arbeiten dürfen, und sich Leonhard, seit er auf dem Einödhof lebte, an die geheiligten Ortsbräuche gehalten hatte, hackte er schon am Vormittag das Holz für die Feiertage, schleppte Kübel voll Schnee herein und säuberte die Süd- und Ostwand der Hütte vom Eis, so gut es eben ging. Und so wie er es drunten gewohnt war, saß er nach der Wetterdurchsage in den frühen Nachmittagsstunden vor dem Herd und wetzte alle vorhandenen Messer, damit sie die rechte „Bachlschneid“ bekämen. Viel von dem, was im nächsten Jahr an Glück oder Unglück hereinbricht, soll von der Haltbarkeit dieser Schneid abhängen.

Vor dem Nachtmahl nahm Burgl Herdglut auf die Schaufel und streute aus einem Säckchen ein paar Weihrauchkörner darein. Damit gingen sie in die Gelehrtenstube und hinauf in die Schlafkammer. Zur selben Stunde werden sie auch drunten in Rauris „Rauchen gehen“ in alle Stuben und Ställe. Gern würde Burgl die Räucherpfanne noch weitertragen, aber es ist außer ihnen beiden kein lebendiges Wesen heroben, das des heiligen Rauches bedürfte. Dafür vergessen sie wenigstens nicht, den Hut über den Rauch zu halten und ihn dann aufzusetzen, damit sie das ganze Jahr kein Kopfweh bekämen. Leonhard weiß, die Leute aus der Stadt lachen gern über solch abergläubisches Zeug, wenn man es ihnen erzählt. Und doch liegt es ihnen beiden irgendwie im Blut, und sie wagen es nicht, von dem abzugehen, was schon den Urgroßeltern heilige Überlieferung war.

Um sechs Uhr zündeten sie dann die Weihnachtskerze an. Das ist die dicke, geweihte Kerze, die in jeder Heiligen Nacht bis sechs Uhr früh brennen muß, wenn nicht eines aus der Familie im kommenden Jahr sterben soll. Ängstlich ist Burgl besorgt, die Kerzenflamme vor jedem Zugwind zu schützen.

Dann kommt das kleine grüne Tannenbäumchen mit den paar Lichtlein auf den Tisch vor dem Fenster.

Nun wäre es aber an der Zeit gewesen, die „Weinbeernudeln“ aufzutischen und an die Bescherung zu schreiten. Da wurde

Burgl ganz traurig, weil sie außer einem Päckchen Zigaretten, die sie seit dem Sommer versteckt gehalten hatte, rein gar nichts fand, womit sie ihrem Mann eine Christtagsfreude hätte bereiten können. Der aber war zufrieden und zog aus einer Ecke ein paar kleine, verschnürte Pakete hervor, die er in Kolm drunten für sie beide vorgefunden hatte. Sie packten sie gemeinsam im Schein der Weihnachtskerze aus und fanden darin allerhand Kleinigkeiten, die sie in der Einsamkeit doppelt erfreuten. Es hatten doch manche an sie gedacht. Die Zentralanstalt und der Sonnblickverein schickten eine kleine Geldspende, Professor Steiner stellte sich mit Zigaretten, Süßigkeiten und einer Flasche Wein ein, die Loitfellnerleute und Mariedl hatten rechtzeitig etwas Gutes gebacken und sogar Hermann hatte aus Salzburg geschrieben.

Da war nun der kleine Tisch nicht mehr so leer, und auch ihre Herzen füllten sich mit Heimat an, sodaß Burgl tapfer die Tränen hinunterschluckte, die ihr seit einer guten Stunde verstohlen über die Wangen gelaufen waren. Sie setzte sich an die Zither und spielte die Melodien der Weihnacht und sang mit ihrer glockenhellen Stimme, als wäre sie in der lichterglänzenden Pfarrkirche bei der Christmette. Zum „Stille Nacht" fiel auch der Leonhard mit seiner rauhen Stimme ein. Dann ließen sie sich's gut schmecken, und ihre Gedanken wanderten dabei kreuz und quer durch die verschneiten Gäßchen von Rauris, zu den Verwandten und Bekannten. Ob die auch jetzt heraufdachten ...? Wenn Burgl das Alleinsein und die Trennung von daheim wie ein schwerer Stein drücken wollte, dann lächelte sie durch die feuchten Augen ihrem Leonhard zu – und alles war wieder gut. Sie wollte ja tapfer sein.

Aber viel langsamer als drunten in Rauris schlichen heroben die Stunden des Heiligen Abends dahin. Wenn das Örtl nur nicht so weit draußen läge und der Wind nicht so lärmend an die Hauswand schlüge, dann könnte man die Kirchenglocken hören und das Blasen vom Turm. Die Luft war klar, also traten Leonhard und Burgl vor die Hütte und schauten mit dem Fernglas durch das nächtliche Dunkel nach der Richtung, in der Rauris liegen mußte. Da sprang das helle Leuchten aus den Kirchenfenstern, und über dem Friedhof schimmerte der Widerschein von hunderten Kerzen auf den Gräbern. Schweigend gingen die beiden Einsamen, die in dieser Höhe allem Leben auf der Erde entrückt schienen, in das Haus zurück. Bevor Leonhard die Tür verschloß, legte er noch drei kleine Holzkreuze auf die Schwelle, daß Hexen und böse Geister nicht drübersteigen könnten. Es ruht sich besser so, und man weiß nie, ob hinter all den Bauernbräuchen nicht doch eine alte verborgene Weisheit steckt.

So verlief der erste Weihnachtsabend der Eheleute Leonhard und Burgl Rubatscher auf dem Sonnblickobservatorium. Und an jedem der nächstfolgenden waren sie um ein gutes Stück tiefer mit dem Berg verwachsen, daß sie am Ende schon gar nimmer daran dachten, daß auch ihr Weihnachtsfest einmal umgeben war von dem liebenden Kreis kindlich gläubiger Menschen. Dabei war ein Weihnachtsabend darunter, an dem ihnen fast alles fehlte, was sie sich sehnlichst wünschten, da das Wetter so bös war, daß Leonhard den Abstieg nach Kolm nicht wagen konnte. So hatten sie nicht einmal einen grünen Zweig heroben. Bloß die Weihnachtskerze, die durfte niemals fehlen, denn schneller als man denken möchte, ist auf so einem Berg das schwache Lebenslicht eines Menschenkindes ausgeblasen. Seit in der letzten Christnacht, die besonders stürmisch war, die geweihte Kerze für einen Augenblick erlosch, wird Burgl die bange Sorge nicht los, es möchte irgendwo und irgendwann ein böses Schicksal auf sie lauern.

So reihen sich für das Beobachterehepaar die Tage aneinander — und einer ist wie der andere, angefüllt mit Arbeit und mit dem immerwährenden Kampf gegen die Unbill des Wetters. Länger als ein halbes Jahr dauert hier der Winter. Hundertundacht-undsechzig Tage zählen sie einmal ohne auch nur einen Wärmegrad. Hier oben wird jeder Sonnenstrahl, an dem unten im Tal die Menschen gedankenlos vorübergehen, als ein gar herrliches Geschenk des Himmels empfangen. Und das Wunder des jährlich wiederkehrenden Frühlings greift hier tief hinein ins Menschenherz.

Einmal geschieht es, daß sich als erster Frühlingsgruß ein Schmetterling über Eis und Schnee herauf verirrt. Burgl blickt ihm lange nach, bis er in der weißen Tiefe des Kolmer Kessels ihren Augen entschwindet. Weither muß er gekommen sein, denn erst draußen im Tal, dort wo die lichten Häuser von Rauris heraufgrüßen, sind die Matten grün.

Wenn ein Sonntagsmorgen im Frühling besonders strahlend über den Bergen liegt, dann wendet sie oft eine Stunde lang keinen Blick von dem Dorf. Durch das Glas der Wetterwarte kann sie zur Hochamtszeit das Menschengewimmel in der schmalen Marktstraße erkennen.

Mit welcher Sehnsucht aber erwarten sie beide die ersten Besucher, die nach monatelanger Wintereinsamkeit den Weg herauf wagen! Dann gibt es immer so viel zu fragen und zu erzählen, daß die gemeinsamen Abende in der warmen Küche viel zu kurz werden. Meist bringt der erste Gast auch die Post mit, die sich in den vielen Wochen drunten in Kolm angesammelt hat.

Ist es einmal soweit, daß auch Burgl einen Gang ins Tal wagen darf, dann geht sie den auftauchenden Häusern des Heimatortes scheu wie einem großen Gnadengeschenk entgegen. Sie hört wieder von allen Seiten menschliche Stimmen an ihr Ohr klingen, sieht ringsum die frischgrünenden, saftigen Wiesen, preßt duftende Blumen ans Gesicht und lauscht beglückt dem Jubelgesang der Vögel. Wie neugeschaffen liegt die schöne, bunte Welt vor ihr nach so langem, eisigem Schweigen! Sie ist zwar schon auch ein bisserl stolz darauf, den höchstgelegenen Haushalt Europas zu führen und im Sommer von allen Fremden angestaunt und bewundert zu werden, aber wenn sie so ein paar Stunden im Kreise fröhlicher Menschen und in der Geborgenheit des heimatlichen Dorfes verbracht hat, fällt ihr der Aufstieg zur Höhe immer etwas schwer. Wüßte sie nicht, daß droben ihr Mann auf sie wartet, dem sie Helferin und Kameradin sein darf in seinem gefahrvollen Dienst, es überfiele sie manchmal die Lust, unten zu bleiben. Taucht aber dann einmal das Observatorium hoch über dem Eishang vor ihr auf, beschleunigt sie ihren Schritt und wundert sich über sich selber, wie rasch und tief ihr dieses einsame Haus über den Wolken ins Herz hineingewachsen ist.

Es sorgt aber auch das Leben in dieser Höhe dafür, daß sich der Mensch das starke Herz und den frohen Sinn bewahren kann. Die Gottesnatur gießt die Reichtümer ihrer Herrlichkeit verschwenderisch über die Berge aus. Und droht die Einförmigkeit des Lebens einmal wirklich alle Fröhlichkeit des Herzens zu ersticken, dann klopft bestimmt irgendein heiteres Erlebnis an die Tür. Wäre es ein Wunder, wenn die Menschen, die so lange allein sind, allen Schalksgeistern Tür und Tor öffneten, auf daß die einen Tanz aufführten, wie er so toll wieder nur auf einer Berghütte ausfallen kann?

Mitten in der Hochsaison hat der Sepp, der junge und lustige Hüttenwirt von Kolm-Saigurn, mit einem Frauenzimmer seine liebe Not. Kommt da eine Dame mit gefärbtem Haar, knallrot lackierten Fingernägeln und einer Menge von Koffern und Hutschachteln mit dem Postauto, das seit kurzem durch das ganze Tal bis an den Fuß der Sonnblicknordwand verkehrt, vor der Hütte an. Erst nach der umständlichen Einquartierung stellt es sich heraus, daß sie ein falsches Ziel erreicht hat. Sie hätte früher vom Zug aussteigen müssen, denn sie wollte nach Gastein und ist statt dessen nun in Kolm-Saigurn gelandet. Als sie auf ihren Irrtum draufkam, war es schon zu spät, also ließ

sie sich samt ihrem Riesengepäck auf gut Glück nach Kolm führen. Der Anblick der himmelragenden Fels- und Eiswände bringt sie auf einen völlig verrückten Gedanken. Sie will von hier nicht früher wegfahren, bevor sie nicht droben auf dem Sonnblickgipfel war. Darob allgemeine Verwunderung im ganzen Haus. Die Touristen im Gastzimmer bemühen sich vergeblich, das Lachen zu verbeißen. Der Sepp aber schmunzelt nur.
Vom frühen Morgen bis zum späten Abend ist die Dame außer Haus. Sie nennt das „Training". Bewaffnet mit einem grünen Sonnenschirm, stolziert sie kreuz und quer über die Wiesenwege rund um das Haus. Weiter wagt sie sich nicht fort. Die Hütte muß sie jederzeit noch sehen können. Der Sepp sorgt dafür, daß ihm keiner den bevorstehenden Spaß verdirbt.
Frau Valerie Liebsam — als solche hat sie sich mit großen, verschnörkelten Schriftzügen ins Hüttenbuch eingetragen — ist nach Ablauf einer Woche felsenfest davon überzeugt, für den beabsichtigten Aufstieg auf den Sonnblick genügend vorbereitet zu sein. Zwei Tage lang liegt sie dem baumlangen Sepp in den Ohren, er und kein anderer müsse sie führen. Dem winkt auf der einen Seite ein nobles Trinkgeld zur Führertaxe und ein pfundiger Spaß, auf der anderen Seite sieht er aber voraus, daß es die schwierigste Tour seines Lebens werden wird, diese schrullige Person tatsächlich bis auf den Gipfel zu schleppen. Schließlich willigt er ein.
Tags darauf, um fünf Uhr früh, geht es los. Ganz langsam, Schritt für Schritt, steigen sie den steilen Weg bergan.
Auf dem Weg zur Rojacherhütte rasten sie fünfmal. Frau Valerie klagt der Reihe nach über alle möglichen Schmerzen. Aber der Sepp stellt sich taub und greift absichtlich mit seinen langen Beinen weiter aus, daß sie jammernd folgen muß.
Die Rast vor der kleinen Hütte dauert umso länger. Mittag ist längst vorüber, sieben Stunden sind sie schon unterwegs.
Über den Grat kann er mit dieser Belastung nicht gehen, das

sieht der Sepp sofort, da muß er schon den Umweg über den Gletscher nehmen. Kaum sind sie jedoch ein Stück auf dem Eisfeld draußen, da grollt es bedenklich in der Ferne. Ein Wetter ist im Anzug. Das fehlte noch! Frau Valerie beginnen die Knie zu schlottern. Sie verfällt auf eine neue Idee. Sepp hat sie vorsichtshalber ans Seil genommen. Nun schlägt sie vor, jeweils zehn Schritte zu gehen und dann kurz zu rasten. Der Sepp soll zählen. Der zählt auch, aber nicht bis zehn, sondern bis zwanzig oder dreißig. Dann erst bleibt er stehen und dreht sich um. Frau Valerie hat schon einige Male geschrien und energisch am Seil gezogen. Der Sepp tut, als hörte und spürte er nichts.

„Warum halten Sie sich nicht an die Vereinbarung?“ wirft sie ihm vor. „Ich sagte doch, nach je zehn Schritten machen wir Rast!“

„Es waren zehn, gnädige Frau“, lügt der Sepp kühn.

Dann versuchen sie es wieder. Und noch einmal. Jedesmal schwindelt der Sepp gut fünfzehn Schritte dazu. Als er mit todernster Miene laut und deutlich „zehn“ zählt, während sie schon bei „sechsundzwanzig“ hält, ist es mit ihrer Fassung zu Ende. Sie ist überzeugt, daß sie nicht einmal mehr ordentlich bis „zehn“ zählen könne.

Schon taucht das rettende Gipfelhaus über dem sonnenbeschienenen Gletscher auf, da hört Sepp hinter seinem Rücken ein verdächtiges Glucksen, immer wieder ein Glucksen, in kurzen Abständen. Frau Valerie hat zu allem noch Schnackerl bekommen! Sie legt sich platt auf den Schnee und weigert sich, auch nur einen Schritt weiterzugehen. Sie ist überzeugt, hier auf der Stelle sterben zu müssen. Was bleibt Sepp übrig? Er macht eine Kreuzschlinge und schleift die Last über die letzten hundertfünfzig Meter. In dem Augenblick möchte er sich aber aufs Hirn hauen, daß er die Eselsdummheit begangen hat, sich so etwas einzubrocken! Der Schweiß rinnt ihm in Strömen vom Körper.

Aber das Ärgste kommt erst, als er die Frau über die Felspyramide zum Zittelhaus regelrecht hinauftragen muß. Zart geht er ja grad nicht mit ihr um, aber dieses Tragen, Ziehen und Schieben ist eine saure Arbeit.
Nach insgesamt zwölf Stunden stellt der Sepp Frau Valerie Liebsam vor den Stufen zur Eingangstür des Zittelhauses auf den Boden nieder. Er ist fertig, das ganze war eine große Viecherei. Die Frau aber scheint plötzlich gesund zu sein. Stolz betritt sie die Hütte, und eine Viertelstunde später ist sie schon mittendrin, allen Anwesenden in blumiger Ausschmückung und maßlosen Übertreibungen die Erlebnisse ihrer ersten Bergfahrt zu schildern.
Sepp sitzt schwitzend in der Ecke und sinnt nichts Gutes. Das spinnerte Weibsbild soll ihm nicht so billig davonkommen.
Jetzt ruft sie gar die Hüttenwirtin an ihren Tisch und fragt allen Ernstes:
„Frau Wirtin, sagen Sie mir nur einmal, wo halten Sie denn da heroben die Kühe?"
Sepp traut seinen Ohren nicht. Wie man so blitzdumm fragen kann! Aber gleich drauf hält er sich den Bauch vor Lachen, denn die Wirtin ist um eine Antwort nicht verlegen:
„Die Kühe, meinen S'? Ja, die halten wir gar nirgends, die kommen immer von selber herauf."
Draußen ist sie. Alles lacht. Frau Valerie Liebsam braucht eine gute Weile, bis sie sich auskennt. Dann hält sie es für das Gescheiteste, gute Miene zum bösen Spiel zu machen.
Den Sepp aber reitet der Teufel. Er rückt ganz nahe an sie heran und flüstert ihr geheimnisvoll ins Ohr:
„Gnädige Frau, daß Sie's nur wissen, der Geist des Kulm-Naz geht da heroben um."
Ohne die Wirkung seiner Worte abzuwarten, steht Sepp auf und verschwindet zur Tür hinaus. Er muß hinüber zum Leonhard. Gemeinsam müssen sie sich einen Schabernack ausdenken,

daß die Frau Valerie ihre Sonnblickfahrt nie mehr im Leben vergessen soll.

Das mit dem geisternden Kulm-Naz hat seine Wirkung nicht verfehlt. Auch unten in Kolm-Saigurn hat man ihr erzählt, daß der Geist des letzten Bergwerksbesitzers und Erbauers der Sonnblickwetterwarte, Ignaz Rojacher — schon zu Lebzeiten kurz „Kulm-Naz" genannt —, in manchen Nächten im ehemaligen Goldbergrevier herumspuke. Plötzlich wird sie recht kleinlaut. Still sitzt sie auf ihrem Platz und wartet auf Sepps Wiederkehr.

Der hat inzwischen drüben im Observatorium mit Leonhard etwas Besonderes ausgedacht. Burgl äußert zwar Bedenken, die Mannsbilder könnten es gar zu toll treiben, dann aber ist sie im stillen gar nicht bös, daß die Einförmigkeit ihres Lebens einmal auf solche Art unterbrochen werden soll.

Zuerst muß Sepp der Frau Valerie einreden, daß der Geist des Rojacher-Naz mit Vorliebe im Zittelhaus herumgehe, weit seltener jedoch drüben im Observatorium. Daher hätten der Wetterwart und seine Frau die ganze Zeit über vor ihm Ruhe, während er die Bergsteiger oft recht arg quäle.

Der gewünschte Erfolg stellt sich bald ein: ob es denn in ihrem Fall nicht ausnahmsweise möglich wäre, statt herüben in der Schutzhütte heute nacht drüben im Observatorium zu schlafen? Sepp meint, das wäre wohl nicht so einfach, und verspricht, mit dem Beobachter diesbezüglich zu reden.

Aber gerade das haben die beiden ja wollen. Denn zum Gelingen ihres Anschlages ist es unbedingt notwendig, daß die Frau in der Schlafkammer von Leonhard und Burgl über dem Küchenraum die Nacht verbringt. Die zwei übersiedeln gern für dieses eine Mal ins Gelehrtenzimmer, und Sepp richtet sich in der Küche sein Lager her. Viel schlafen werden sie heute ja nicht.

Sofort nach dem Abendessen wandert Frau Valerie mit ihren Sachen herüber ins Observatorium. Sie ist nicht wenig stolz darauf, daß ausgerechnet sie hier auf dieser weltberühmten Forschungsstätte eine Nacht zubringen darf. Aus lauter Dankbarkeit läßt sie das Beobachterehepaar und ihren tapferen Führer, den Sepp, königlich bewirten. Denen ist es recht, sie greifen tüchtig zu. Nur der Burgl bleibt manchmal ein Bissen im Hals stecken, wenn sie dran denken muß, was in dieser Nacht die Spenderin noch erwartet.

Eine gute Stunde nach dem Essen überbieten sich Sepp und Leonhard darin, abwechselnd die gruseligsten Geistergeschichten zu erzählen, und machen dabei ganz unschuldige Gesichter. Je ängstlicher ihr Opfer dreinschaut, umso kräftiger legen sie los. Da bittet Frau Valerie, man möge sie in ihr Zimmer führen.

Leonhard steigt mit ihr die steile Treppe hinauf und weist ihr das Bett an, das direkt oberhalb des Küchenherdes an der Wand steht. Dann wünscht er eine gute, geruhsame Nacht und schleicht grinsend über die Treppe zurück.

In der Küche sitzen sie dann eine geraume Weile beisammen und wispeln und schmunzeln. Dann aber geht's los.

Leonhard steht auf, holt den langen Besen hervor und tritt zum Herd. Ganz leise und sachte, daß man es kaum hören kann, schiebt er den Schuber des Wärmeschachtes an der Decke zurück. Dann packt er den Besenstiel fest mit beiden Händen und hebt ihn durch das Loch hinauf in die Dachkammer, bis er Widerstand spürt. Der Widerstand rührt von dem Strohsack her, denn genau über dem Wärmeschacht steht das Bett, in dem heute Frau Valerie Liebsam von gar unliebsamen und bösen Träumen geplagt wird.

Nun packt auch der Sepp zu. Einmal tief geatmet und dann: ho ruck! Mit aller Kraft tauchen sie an dem Besenstiel an und spüren, wie sich oben der Strohsack um ein gutes Stück hebt. Noch einmal: ho ruck! Sie scheint einen guten Schlaf zu haben. Da versuchen sie es ein drittes Mal: ho ruck! Grad unheimlich, wie der Strohsack in die Höhe steigt. Im gleichen Augenblick hören sie einen durchdringenden Schrei und lautes Gepolter, nicht anders, als wäre eins im Bogen aus dem Bett gesprungen oder gar gefallen. Wunder wär's ja keines. Die Burgl muß sich die Hand vor den Mund halten, daß sie nicht herausplatzt. Nun sollten sie aber Schluß machen, deutet sie den beiden Geistern, die da recht irdisch auf ihrem Küchenherd hocken und wenig geisterhaft übers ganze Gesicht grinsen.

Rasch ziehen sie den Besen zurück. Leonhard und Burgl verschwinden damit in die Gelehrtenstube. Sepp wirft sich auf sein Lager, wickelt sich in die Decke ein, dreht sich zur Wand und schnarcht.

Ein paar Minuten vergehen. Droben in der Schlafkammer rumort es weiter, als wäre nun wirklich eine ganze Geisterfamilie dort eingezogen. Dann aber kommen stolpernde Tritte über die Holzstiege herunter. Sepp, was nun? Der schnarcht, als wollte er die Wand durchsägen.

Wildes, aufgeregtes Trommeln an der Küchentür. Schon fliegt sie krachend auf. Im Türrahmen erscheint, vom huschenden Licht einer Taschenlampe gespenstisch umflossen, Frau Valerie. Komisch genug sieht sie aus. In der Eile hat sie ihren Pullover verkehrt angezogen, einen Schuh hat sie zuzuschnüren vergessen, aus dem offenen Rucksack überm Arm schaut der kleine, rotgestreifte Kopfpolster heraus, den sie in der Aufregung zu ihren Sachen eingepackt hat, und die Haare fliegen so wirr um den Kopf, als stünden sie immer noch zu Berge nach dem überstandenen Schrecken. Mit vor Angst zitternder Stimme ruft sie nach Sepp, der so tut, als höre er nichts.

Die tiefen Schnarchtöne und die unheimliche Stille ringsumher steigern noch die Angst der Frau. Sie stürzt auf das Bett zu, in dem der Sepp so seelenruhig liegt und schnarcht, als gäbe es gar keine Nachtgeister auf dieser Hütte.

„Sepp! Um Gottes willen! So wachen Sie doch auf! Sepp!“

Schläft der Mann aber fest! Einige Male muß sie ihn rütteln, ehe er sich langsam umdreht und schlaftrunken fragt:
„Ja? Was gibt's denn? Wer schreit denn so, mitten in der Nacht?"
„Sepp! Stehen Sie schnell auf! Helfen Sie mir! Es geistert!"
Der Sepp scheint noch immer halb zu schlafen.
„Was tut's?"
„Es geistert!" wiederholt die an allen Gliedern zitternde Frau und zeigt nach oben. „Er war da!"
Diese Bergler sind doch umständliche Leute!
„Wer war da?" Ganz verständnislos schaut der Sepp blinzelnd in das Licht der Taschenlampe.
„Er! Dieser Kulm-Naz! Er geht um heute nacht! Ja! Er war bei mir! Jetzt gerade! Das Bett hat sich gehoben! Fürchterlich, sag' ich Ihnen!"
Sepp richtet sich langsam auf und tut ganz unschuldig:
„Aber, gnädige Frau! Das ist doch nicht möglich! Sie sind übermüdet. Das waren die überreizten Nerven."
Frau Valerie läßt das nicht gelten.
„Aber ich bitte Sie! Ich hab' es doch deutlich gespürt und wäre bald aus dem Bett gefallen! Ich hab' so etwas noch niemals erlebt!"
Der Schrecken muß ihr wirklich in alle Glieder gefahren sein. Bleich und verstört sieht sie aus. Wie leblos läßt sie sich in einen Sessel fallen und weigert sich, auch nur eine Stunde noch in diesem Haus zu bleiben.
Der Sepp verzieht das Gesicht. Das fehlte ihm grad noch — es ist kaum Mitternacht vorüber. Er mustert sein Opfer von oben bis unten.
„Gnädige Frau! Sie werden doch nicht wirklich ...?"
„Und ob! Wir gehen, Sepp! Auf der Stelle!"
Ärgerlich kratzt er sich hinterm Ohr. Das hat er nicht wollen. Noch liegt ihm die Anstrengung des Vortages in den Gliedern.

Er hat sich ehrlich auf einen Rasttag heroben gefreut. Und ein paar Stunden Schlaf könnte er jetzt recht gut brauchen. Er sucht nach Gründen, ihr den Abstieg in der Nacht auszureden.

„Das geht nicht. Nach ein paar Schritten haut's uns alle zwei die Nordwand hinunter."

Frau Valerie, die nur den einen Gedanken hat, möglichst rasch von der Geisterhütte fortzukommen, läßt das nicht gelten.

„Wir gehen über den Gletscher zurück, so wie wir heraufgekommen sind. Da kann nichts passieren. Sie binden mich ans Seil."

Verzweifelt schaut Sepp zum Fenster. Draußen steht die eisklare Mondnacht.

„Heut hat's gut fünf Grad Kälte —", versucht er noch einmal einzuwenden.

Frau Valerie läßt nicht mit sich handeln.

„Lieber ein paar Stunden frieren, Sepp, als noch einmal so etwas!"

Da macht der Sepp Licht, und während sich Frau Valerie für den Aufbruch zurechtmacht, sucht auch der Sepp langsam und widerwillig seine Sachen zusammen. Dabei redet er ununterbrochen auf sie ein, doch wenigstens bis zur Morgendämmerung zuzuwarten. Es ist ein schweres Stück Arbeit. Da war es ja fast noch leichter, sie gestern über das Eisfeld heraufzuschleppen, als ihr jetzt die drei, vier Stunden abzuringen. Aber das ist nicht alles.

Bleibe da einer ernst, wenn er vor sich so ein angstschlotterndes Weibsbild sitzen hat, das immer wieder die schaurigsten Geschichten von einem Geist erzählt, der sie überfallen hat, und wenn da drüben hinter ihrem Rücken dieser Kerl von einem Leonhard fortwährend durch einen Spalt der Stubentür sein grinsendes Gesicht heraussteckt! Und dabei weiß Sepp nicht, soll er lachen oder sich ärgern über die verpatzte Nachtruhe.

Zeit war's, daß Leonhard endlich die Tür zugemacht hat und

verschwunden ist. Jetzt hat er Gott sei Dank auch Frau Valerie soweit gebracht, daß sie den Morgen abwarten will. Aber dem Leonhard wird er's heimzahlen! Die paar Stunden bis in der Früh wird er so laut schreien und singen und jodeln, daß die daneben auch kein Auge zubringen.

Doch da ist ihm der Leonhard schon wieder zuvorgekommen und macht ihm noch den letzten Strich durch die Rechnung. Denn plötzlich schreit Frau Valerie entsetzt auf, hängt sich an seinen Arm und zeigt auf das Küchenfenster. Den Sepp reißt es herum. Da soll doch — Durch die nicht ganz reinen Scheiben stiert etwas verschwommen, aber desto unheimlicher anzusehen, ein verwildertes Gesicht herein.

„Der Naz!" schreit die Arme, die eine zweite Begegnung mit dem Geist fürchtet. Dann rafft sie alles an sich und zieht den Sepp mit Gewalt zur Tür.

„Machen Sie, was Sie wollen! Ich bleib' nimmer da! Und wenn ich allein gehen muß!"

Am liebsten hätte ihr der Sepp den vermeintlichen Geist des Rojacher-Naz an den Haaren herbeigeholt und ihr gezeigt, daß die Haare und das ganze Gesicht niemand anderem gehören als dem Leonhard, der heimlich durch das Fenster der Gelehrtenstube hinaus ins Freie entwischt ist und durch sein Erscheinen am Küchenfenster Frau Valerie um das letzte bißchen Mut gebracht hat. Aber damit hätte er sich ja selber verraten und die ganze Lumperei aufgedeckt, die doch schließlich er eingefädelt hat. Also läßt er es bei einem Fluch bewenden, den er zwischen den Zähnen zerreibt, und tut, als höre er nicht, wie nebenan einer ein knarrendes Fenster schließt.

Diesmal muß der Sepp die Suppe allein auslöffeln. Das nächste Mal kommen die zwei dran, der Leonhard und die Burgl, schwört er sich, als er mit Frau Valerie Liebsam am Seil eine Viertelstunde nach eins die nächtliche Talfahrt antritt, indes sich droben die Rubatscherleute wenigstens für ein paar Stunden noch ausschlafen

können. Sogar der Mond, so scheint es ihm, lacht ihn schadenfroh aus, als er da zu so ungewohnter und ungemütlicher Stunde mit seiner zähnescheppernden Partnerin Reißaus nehmen muß.
Die Geschichte vom geisternden Kulm-Naz und der Valerie macht rasch die Runde durch alle Berghütten der Umgebung. Und Leonhard und Burgl haben in der nächsten Zeit genug zu tun, immer wieder aufs neue zu erzählen, wie sich denn alles abgespielt hat. Mit einem Male war das unauffällige Wärmeloch in der Küchendecke zu Berühmtheit gelangt, und manchen scheint die Geisterspielerei mit dem Besenstiel nicht weniger zu interessieren als die vielen Instrumente und Einrichtungen des Observatoriums, die sonst die Neugierigen vom Zittelhaus herüberlocken.
Burgl aber muß oft, wenn sie allein ist und sich das erschrockene Gesicht der Geisterseherin vorstellt, mitten in der Arbeit laut auflachen. Solche Erlebnisse kommen wohl nicht ins Beobachter-Tagebuch, auch haben sie keinen wissenschaftlichen Wert, den Menschen in ihrer nebelumdüsterten Einsamkeit aber bleiben sie in der Erinnerung haften und helfen ihnen, das oft so eintönige und freudlose Leben leichter zu ertragen. Und beide, Leonhard und Burgl, haben den festen Vorsatz, den Geist des Kulm-Naz noch öfter durch das Wärmeloch einem ahnungslosen Opfer auf den Leib zu schicken.

DER TOD WAR SCHNELLER

Leonhard Rubatscher hängt den Telefonhörer auf. Wenn das nur gut abgeht! Soeben hat die Burgl aus Rauris angerufen, daß sie — es ist acht Uhr früh und die zweite Novemberwoche — die Wetterbesserung ausnützen und heute den Aufstieg wagen wolle. Vor vier Tagen ist sie hinunter, um noch einmal, ehe der Winter seinen Einzug hält und sie unerbittlich in das Observatorium einkerkert, die notwendigsten Einkäufe für die Küche zu besorgen. Sie hatte die Absicht, am nächsten Tag wieder aufzusteigen, doch wurde sie von plötzlichen Schneefällen überrascht und in Rauris festgehalten. Im Laufe der Nacht hat es aufgeklart, heute morgen lagert zwar über den Bergen im Norden eine dunkle Wolkenbank, doch über dem Sonnblick steht der blaue Himmel. Leonhard kommt die Sache allerdings nicht recht geheuer vor. Das hat er der Burgl auch gesagt, aber schließlich, sie hat ja recht: wenn sie noch länger zuwartet, kann es sein, daß sie im heurigen Jahr überhaupt nimmer den Weg herauf findet. Also zieht sie mutig los. Leonhard hat ihr versprochen, ihr am Nachmittag ein Stück entgegenzufahren.

Vor einem halben Jahr haben Leonhard und Burgl Gesellschaft bekommen. Der Bergführer Friedl Winkler aus Heiligenblut ist als zweiter Beobachter auf dem Observatorium angestellt worden. Neben seinen dreißig Jahren brachte er viel Schneid und Begeisterung mit. Mit dem älteren Leonhard versteht er sich ausgezeichnet. Die beiden sind ein Herz und eine Seele. Burgl kann sich jetzt ganz der Küche widmen. Im nächsten Frühjahr wollen die Rubatscher dann nach neun Jahren ihren Posten aufgeben und wieder hinunter ins Tal ziehen. Bis dahin kann Friedl Winkler die Beobachtungen längst selbständig führen.

Der Vormittag vergeht, die beiden Männer schauen immer wieder nach dem Himmel. Aus der Wolkenbank im Norden ist inzwischen eine dunkle Wand geworden, die sich, ständig wachsend, mehr und mehr auftürmt. Das sieht bedenklich aus, doch scheint das günstige Wetter vorläufig noch anzuhalten.

Es ist halb zwei Uhr vorüber. Da trifft die Hütte plötzlich ein Stoß, kurz darauf noch einer und dann ein dritter. In allen Fugen ächzt und kracht es. Der Sturm ist da! Draußen reißt er die Tür auf und springt heulend in den Gang herein. Erschrocken fahren die Männer in die Höhe. Das ist ein schlimmes Zeichen! Es bedeutet nichts Gutes, wenn der Sturm so plötzlich das Haus überfällt. Der Gang in die Turmkammer zu den Instrumenten gibt Leonhard die schauerliche Gewißheit: eine Katastrophe steht bevor! Steil stürzen die Kurven, die Temperatur zeigt minus sechs Grad, der Luftdruck fällt rasch! Das gibt Sturm und Schnee! Die vereinzelten heftigen Windstöße sind nur ein schwacher Vorbote dessen, was in längstens einer halben Stunde zu erwarten ist.

Der Gedanke an Burgl treibt Leonhard den kalten Schweiß aus den Poren. Sie ist unterwegs und ahnt noch nichts von dem Fürchterlichen, das sie erwartet. In fliegender Hast stürzt Leonhard zum Telefon und ruft die Talstation Kolm-Saigurn an. Zweimal, dreimal muß er es versuchen, bis er Verbindung bekommt. Dabei ist jede Minute kostbar. Wehe, wenn es schon zu spät ist!

Endlich meldet sich die Wirtin von drunten. Ob Burgl bei ihnen wäre? Sie weiß es nicht. Sie hat sie vor zwei Stunden kommen sehen. Vielleicht, daß sie drüben im Gastzimmer sitzt. Ihr Mann, der Sepp, wird es wissen. Sie wird ihn fragen.

Endlos scheinen Leonhard die Sekunden, die er am Apparat warten muß. Da meldet sich die Stimme des Sepp. Seelenruhig und gedehnt kommen die Worte, so, als ob rein gar nichts los wäre. Nein, Burgl ist nimmer drunten. Die ist schon gut eineinhalb Stunden unterwegs. Sie hat nur schnell etwas Warmes zu sich genommen und ist gleich weiter. Jetzt wird sie bald beim Neubau oben sein.

Die Botschaft trifft den Wetterwart wie ein Schlag. Bald beim Neubau oben ... Da ist jede Hoffnung vergeblich, daß man sie von Kolm aus noch einholen könnte. Dabei herrscht unten noch das schönste Wetter, wie der Sepp bestätigt, der sich die Unruhe des Leonhard nicht erklären kann.

Jetzt ist keine Zeit zu verlieren. Lange Überlegungen führen zu nichts. Winkler gibt die Wettermeldung durch, und Rubatscher rüstet zur Abfahrt. Er hat noch nicht die Schi angeschnallt, da sieht er schon durch das Fenster über den kurz zuvor noch blaßblauen Himmel weiße Wolkenfetzen jagen. Der Wolkenturm im Norden bäumt sich wild auf und droht aus der Höhe des Himmels niederzustürzen. Hinter dem Hochnarr quellen bleigraue Nebelmassen empor und wälzen sich mit angsterregender Schnelligkeit vom Nordwesten auf den Sonnblick zu. Wie aus dem Nichts steigen gespensterhaft die nassen Schleier aus der Tiefe der Nordwand herauf. Hier lauert der Sturm und peitscht jaulend über das Dach des Hauses. Hoch staubt der Schnee auf, als Leonhard von der Hütte abfährt. Winkler blickt ihm nach, bis er in dem wilden Treiben verschwunden ist. Nach fünfzig Metern schon schließt sich hinter ihm das Tor von grauen Wolken und aufwirbelndem Schnee.

Mit sorgenvoller Miene geht Friedl Winkler ins Haus zurück. Er schließt fest die Tür und wartet ab, was die nächsten Stunden bringen werden. Daß Leonhard die Burgl durch diese Hölle hindurch heute noch auf die Hütte führen kann, ist unwahrscheinlich. Da gibt es nur eines für die zwei: so schnell wie möglich umkehren und das rettende Dach in Kolm-Saigurn erreichen. Sie ist nicht sein Weib, die Burgl, und Leonhard war ihm vor zehn Jahren drunten in Heiligenblut nicht näher gestanden als alle anderen. Aber in dieser Stunde ist es ihm so, als wär's sein eigener Bruder. Hinter einem Sturm wie diesem lauert der kalte Tod. Nach zehn Minuten hat der Schnee das Küchenfenster zur Gänze zugeweht.

Auch Leonhard Rubatscher erkennt nach wenigen Minuten, daß alles noch viel ärger ist, als er gefürchtet hat. Er muß sich jetzt ganz auf sein Gefühl verlassen und darauf, daß er jede Hebung und Senkung des Gletschers so gut kennt, wie die Unebenheiten des Fußbodens in der Küche seines Observatoriums. Von Sicht und Orientierung kann längst keine Rede mehr sein. Einmal noch leuchten durch ein Wolkenloch im Süden die Kalkfelsen der Dolomiten auf, dann schließt sich auch hier der Vorhang.

Leonhard kommt nur langsam vorwärts. Der Sturm fällt ihn an wie ein wildes Tier an und peitscht ihm den Schneestaub ins Gesicht, daß er kaum noch durch die dunklen Brillen sieht. Dabei ist es nur der pulverige Neuschnee, der durch die Luft wirbelt und den der Sturm in wilder Jagd aufscheucht. Was erst, wenn frischer Schnee aus den Wolken fällt!

Aber schon mischen sich in den feinen Staub die ersten Eiskörner. Der Nebel wird dichter und dichter und krallt sich mit nassen Fingern am ganzen Leibe fest. Kalte Schauer überfallen Leonhard und trotz der verzweifelten Anstrengung, mit der er sich den Weg durch den Sturm erkämpft, friert ihn erbärmlich. Das macht nicht zuletzt die Angst um Burgl. Es müßte schon ganz besonders glücklich zugehen, wenn er sie in dem Wetter finden sollte. Dabei fühlt er aber, daß jede Minute, die er in falscher Richtung fährt, unwiederbringlich verloren ist, denn allzu lange könnte die Frau einem solchen Schneesturm nicht gewachsen bleiben. Als der Hagel der Eiskörner von der Seite her fast waagrecht gegen Körper, Hände und Gesicht prasselt, daß er streckenweise zusammengekauert in hockender Stellung durch das wilde Treiben fahren muß, da macht er sich nichts mehr vor. In solchen Stunden ist der beste Bergführer und der abgebrühteste Sonnblickwetterwart eben auch nichts anderes als ein schwacher, hilfloser Mensch, ausgeliefert den entfesselten Gewalten übermächtiger Naturkräfte.

Nach einer kurzen steilen Abfahrt wird der Boden wieder flacher. Hier, in einer Höhe von ungefähr zweitausendfünfhundert Metern, hoffte er, eine etwas geschütztere Lage vorzufinden, muß aber nun mit Schrecken erkennen, daß der Schneesturm immer wütender rast und wohl weit hinunter ins Tal greift. Die Orientierung wird immer schwieriger. Er blickt auf die Uhr — es ist drei. Eine volle Stunde ist er also schon unterwegs. Burgl müßte jetzt, nach zweieinhalb Stunden, ungefähr die Höhe des Knappenhauses erreicht haben. Es können also kaum viel mehr als zweihundert bis zweihundertfünfzig Meter zwischen ihnen liegen.

Jetzt springt ihn der Sturm von vorne an. Selbst auf der nächsten Steilstufe muß er mit aller Kraft antauchen, um vom Fleck zu kommen. Für die Burgl ist es besser so, sie hat den Sturm im Rücken, kommt dadurch leichter vorwärts und hat bessere Sicht. Ihm brennen die Augen. Die Schneebrillen hat er längst abnehmen müssen. Durch die Gläser hat er nichts mehr sehen können. Aber auch jetzt tappt er meist mit geschlossenen Augen durch das wilde Gestöber. Nur dann und wann reißt er die Augen auf, um sich zu vergewissern, daß er nicht zu weit vom Weg abgekommen ist. Rechts liegt die Senkung hinter dem Knappenhaus, aus der er sich erst wieder mühsam herausarbeiten müßte, und links drohen die Abstürze des Leidenfrostes.

Die Gletscherzunge hat er hinter sich, denn schon tauchen dunkle Stellen aus dem Nebel auf. Es sind Felsrippen, die der Sturm kahlgefegt hat. Gleich daneben türmen sich die Schneefluten meterhoch auf. Das Gelände ist vollkommen unübersichtlich geworden.

Jetzt müßte er aber eigentlich Burgl schon getroffen haben. Lächerlich, in diesem Höllentreiben an ein Treffen zu denken! Wie leicht ist es möglich, daß sie, durch eine einzige Schneewehe getrennt, zehn oder fünfzehn Meter aneinander vorübergehen. Was will er denn eigentlich? Ist es nicht heller Wahnsinn, sich hier durchschlagen zu wollen? Aber Burgl ist sein Weib, und drum darf er sie nicht im Stich lassen! Koste es was immer.

Er bleibt stehen. Es wäre sinnlos, noch weiter in die Tiefe vorzudringen. Das Vernünftigste ist, in großen Serpentinen den weiten Kessel nach allen Seiten auszuspuren. Solange er dabei den Sturm im Rücken hat, geht es noch an. Stemmt er sich aber einmal dem Schneetreiben entgegen, dann muß er sich Meter für Meter durchkämpfen.

Wieder ist eine Stunde vergangen. Der Kampf mit dem Unwetter macht müde. Und doch darf Leonhard sich keine Minute Rast gönnen. Es scheint ihm nun gewiß, daß Burgl hier schon vorübergekommen sein muß. Nach einer Spur zu suchen, hätte keinen Sinn. Die eigene Spur verweht hinter seinem Rücken. Wo eben noch die Schi tiefe Furchen gezogen haben, wirft der Sturmwind den Schnee in Wellen darüber.

Schritt für Schritt sucht er wieder an Höhe zu gewinnen. Zehn Meter oder noch mehr läßt er sich vom Sturm treiben, dann aber muß er sich mit aller Kraft dagegen stemmen. Da die Schneeschauer von Nordwesten heraufjagen, triebe es ihn bis zur Fraganter Scharte hin. Dann aber müßte er jede Hoffnung aufgeben, seinem Weib zu begegnen. Er muß sich vielmehr in westlicher Richtung halten, um wenigstens die Rojacherhütte zu erreichen. Burgl kennt den Weg zur Hütte gut und wird wohl am ehesten getrachtet haben, dort ein rettendes Dach zu finden.

Es ist fünf Uhr geworden. Leonhard kann im Augenblick nicht sagen, wo er sich befindet. Wohl reißt er immer wieder den Kompaß aus der Tasche, aber an einem Tag wie diesem nützt auch das nicht viel. Er kann sich noch so bemühen, die eingeschlagene Richtung beizubehalten, nach zehn Schritten hat ihn der Sturm schon wieder abgetrieben.

Jedes Denken ist jetzt überflüssig. Nur weiter! Weiter! Burgl wird in der Hütte sein! An den Gedanken klammert sich Leonhard mit aller Kraft. Er ist das helle Licht, auf das er zuwankt, das ihn befähigt, den Kampf gegen Wind und Schnee nicht aufzugeben.

Ein um das andere Mal versucht er, ihren Namen zu rufen. Der Sturm zerreißt ihm das Wort vorm Munde, und die zerfetzten Laute schluckt der Nebel. Der Mund ist voll Schnee, sooft er ihn auftut, um aufs neue in das Toben hineinzubrüllen. Tausendmal stärker brüllt der Sturm von allen Seiten.

Immer schwerer wird das Weiterkommen. Auf Armen und

Schultern lastet eishart gefrorener Schnee. Die Füße können die Bretter kaum mehr nachziehen. Mit den Stöcken schleppt er sich langsam, ganz langsam, weiter.
Sechs Uhr. Noch immer keine Hütte in Sicht. So steil ist es hier, daß er oft nach der Seite ausweichen muß. Jedesmal, wenn er sich so über den Hang hin ein Stück treiben läßt, hofft er, auf Burgl zu stoßen. Und jedesmal wird er um eine Hoffnung ärmer.
Es bleibt nur noch die Rojacherhütte.
Nach endlos scheinendem Anstieg steht er völlig erschöpft davor. Wüßte er nicht, daß hier eine Hütte steht, er wäre kaum auf den Gedanken gekommen, in diesem gespenstischen Gebilde von Schnee und Eis eine Behausung zu vermuten.
Wie ein heißer Feuerstrahl bricht aus seinem ermatteten Herzen die Hoffnung auf, Burgl unter dem schützenden Dach anzutreffen. Die Schi schnallt er von den Füßen. Mit den Händen schaufelt er den Schnee von der Tür und muß sich dann mit aller Kraft dagegenstemmen. Das Eis knirscht in den Fugen, und noch immer gibt die Tür nicht nach.
„Burgl!" Er ruft ihren Namen, zehnmal, zwanzigmal. Dabei arbeiten fieberhaft Hände und Füße und der ganze Körper. Sie muß drinnen sein! „Burgl! Gib Antwort!" Sie ist müd. Sie wird schlafen. Wie kann sie ihn hören! Der Sturm, der über die Hütte rast, brüllt ihr vielleicht seit einer Stunde in die Ohren . . .
Da — ein wohlgezielter Hieb mit dem schweren Bergschuh, und krachend zersplittert ein Brett in der Tür. Endlich springt die Tür aus dem Schloß, das verbogen im Holz hängt. Leonhard taumelt in den dunklen Raum. Sehen kann er nichts. Der Schnee hat ihn blind gemacht. Aber da stößt sein Fuß an etwas Weiches, das auf dem Boden liegt.
„Burgl!"
Ein wilder Freudenschrei entringt sich seiner Kehle. Er sinkt

darüber hin und will sein Gesicht an ihren Körper drücken, da ist es ihm, als hätte ihn ein Blitzstrahl hingestreckt. Grausame Täuschung! Alles war umsonst! Die letzte Hoffnung bricht in ihm zusammen.

Verzweifelt wühlen die Hände in dem Haufen grober Säcke, die hier liegen und die dem Kohlentransport für den Winter dienen. Ohnmächtiger Schmerz rast durch seinen Körper.

Draußen steht drohend die Nacht. Durch die halboffene Tür peitscht der Sturm den eiskalten Schnee.

Er könnte die Tür schließen, könnte das ausgetretene Loch verrammeln, könnte hier bleiben, könnte sich in Decken und Säcke wickeln und in einer geschützten Ecke den Morgen erwarten. Er könnte leben! Vor der Bretterwand draußen lauert grinsend der Tod.

Aber was will er denn! Burgl, sein Weib, muß er finden! Ihretwegen ist er ausgezogen und ihretwegen leidet es ihn keinen Augenblick länger in diesem Raum.

Aufgeben darf er nicht! Nur nicht aufgeben! Wenn er jetzt und jetzt zusammenbräche, könnte es sein, daß drei Schritte weiter die Burgl auf ihn wartete. Nur weiter! Weiter!

Solange er draußen gegen den Schneesturm kämpfte, daß ihm das Wasser vom Leibe rann, achtete er nicht auf die beißende Kälte. Jetzt aber schüttelt es ihn wie im Fieber.

Mit Händen und Füßen schlägt er um sich, damit das Blut in Bewegung kommt. Alle Glieder schmerzen, aber was hilft's. Er muß weiter!

Leonhard gibt sich erst geschlagen, wenn er einmal nimmer weiter kann. Vorläufig läßt er sich wiederum ein Stück vom Sturm treiben, bis er unterhalb der Hütte den Gletscher erreicht hat. Eine Taschenlampe hat er bei sich. Die blendet er immer wieder auf. Alles, was er sehen kann, ist aber bloß ein hageldichtes Geflimmer wild vorüberjagender Schneeflocken und glitzernder Eiskörner. Zwischen flatternden Schneefahnen durch

bahnt er sich mühsam eine Gasse, nicht breiter als sein ermatteter Leib.
Zum zweitenmal schon überquert Leonhard den Gletscher in seiner ganzen Breite zwischen der Rojacherhütte und der Tramerscharte. Es kommt ihm ja alles so sinnlos vor, was er da tut. Und dennoch schleppt er sich weiter, Schritt um Schritt. Die überreizten Nerven gaukeln ihm hundertmal vor, jetzt und jetzt müßte er das Weib vor sich im Schnee liegen sehen. Hundertmal zerbricht der schwächer und schwächer werdende Schein der Taschenlampe an dem undurchdringlichen Hagel weißer Geschosse, die ohne Unterlaß aus der Finsternis niederstürzen.
Da kann er plötzlich nimmer weiter. Die Füße hängen ihm wie Bleiklumpen am Leibe. Ein Schritt — mit allerletzter Kraft — und noch einer! Dann ist es zu Ende. Kraftlos sinkt er in die Knie. Die Stöcke entfallen den Händen. Tastend suchen sie zu beiden Seiten Halt in dem tiefen Schnee. Der Schnee gibt nach. Ihm ist, als sänke er immer tiefer und tiefer. Ist es schon so weit? Dann wären diese weichen Pölster sein Totenbett ...
Noch einmal rafft sich Leonhard Rubatscher auf und wirft sich mit einem wilden Schrei dem Sturm entgegen. Einen Augenblick steht er mit hocherhobenen Händen da, als wollte er mit bebenden Fäusten das nächtliche Dunkel zerreißen, das der Sturm wie ein schweres schwarzes Bahrtuch über den Wehrlosen schleudert. Dann wankt er und brüllt wie ein getroffenes Tier. Jetzt bricht er zusammen.
„Burgl —“ stöhnt es noch einmal schwach aus seinem Herzen. Es ist das letzte Wort, das über die Lippen findet. Mund und Nase füllen sich mit Schnee.
In seinem Hirn drehen sich feurige Kreise. Dann wird es Nacht. Willenlos läßt er sich ins Dunkel fallen. Nur eines weiß er noch: das ist das Ende. Das Rennen ist verloren. Der Tod war schneller ...
Als der Sturm in kalten Schlägen eine Schneedecke um die

andere über ihn wirft, bewegt er sich kaum. Er spürt es nimmer, daß ein Unsichtbarer, der stärker ist als er, eilenden Fußes über ihn hinwegsteigt, um als erster am nahen Ziel zu sein. — — —

Friedl Winkler hält es nicht länger auf der Hütte aus. Eine Stunde schon ist Leonhard unterwegs. In dieser einen Stunde ist der Schneesturm mit voller Wucht hereingebrochen und das Thermometer um vier Grad auf minus zehn Grad gesunken. Sollte er da untätig in der Küche sitzen und warten, während draußen zwei Menschen mit dem Tod um die Wette rennen? Noch dazu dürfte Burgl nicht mehr umgedreht haben, denn nach Kolm ist sie nicht zurückgekommen. Er hat soeben mit dem Sepp gesprochen. Wer weiß, wo die zwei jetzt sind. Vielleicht brauchen sie Hilfe. Bei solchem Unwetter können gar nicht viele genug beisammen sein. Einer allein ist da hoffnungslos verloren.
Er hätte gleich mitfahren sollen. Aber das wollte Leonhard nicht. So schnallt er jetzt seine Schi an und fährt los. Mitten hinein in die weiße Hölle. Es dauert nicht lange, da schleudert es ihn in weitem Bogen auf das Eis. Krachend geht der Stock an seiner Rechten in Brüche. Verdammt! Mit einem Stecken allein ist bei diesem Sturm schlecht weiterkommen. Langsam und mit größter Vorsicht gelingt es ihm, die Richtung einzuhalten. Die Schneewellen, die ihm entgegenschlagen, möchten ihn nach Westen mitreißen. Er aber steuert auf die Rojacherhütte los. Er hofft im stillen, Leonhard und Burgl dort zu treffen. An schönen Tagen ist die Abfahrt über die vierhundert Meter eine Sache von wenigen Minuten. Heute braucht er eine volle Stunde dazu. Den Weg über den Felsenriegel, auf dem die Hütte steht, muß er sich verbissen erkämpfen. Weit beugt er den Oberkörper vor. An seiner Stirne bricht die Gewalt des Sturmes. Die Haut spannt sich wie Pergament. Im Haar trägt er eine Krone von Eis.
Die Hütte ist leer. Es war niemand hier. Vermutlich ist Leonhard

über den Gletscher bis hinunter abgefahren, hat Burgl zwischen dem Neubau und dem Knappenhaus getroffen und ist mit ihr nach Kolm zurück. Hier bleiben hätte keinen Sinn, also tritt er wieder vor die Hütte und ringt dem Berg langsam, Schritt für Schritt, die vierhundert Meter wiederum ab, die ihn vom Gipfel trennen.

Es wird die fürchterlichste Bergfahrt seines Lebens. Auf dem Bauche kriechend, Meter um Meter langsam sich emporschiebend, erreicht er völlig erschöpft nach zwei Stunden das Observatorium.

In der Küche läßt er sich schwer auf das Bett fallen. Gnade Gott den beiden, wenn sie nicht rechtzeitig den Weg nach Kolm gefunden haben! Jetzt ist es sechs Uhr, und binnen kurzem ist es draußen stockdunkel geworden. Wieder ruft er die Talstation an. Noch meldet sich Kolm. Aber Leonhard und Burgl sind nicht unten. Vielleicht kommen sie noch. Sepp wird ihnen ein Stück entgegengehen. Wie das Wetter in Kolm aussieht? Bös, bloß der Sturm scheint unten etwas schwächer zu sein. Dafür zeigt das Thermometer schon minus vierzehn Grad.

Friedl Winkler glaubt nicht daran, daß Leonhard und Burgl noch um diese Zeit nach Kolm kommen. Eher, daß sie doch noch mitsammen die Rojacherhütte aufgesucht haben oder daß sie auf dem Neubau untergekrochen sind. Bloß ein Dach sollen sie überm Kopf haben in dieser Nacht, denkt er. Als er die Ablesung auf dem Turm vornimmt, zeigt das Thermometer minus achtzehn Grad. Der Windmesser ist längst eingefroren. Die letzte verzeichnete Windstärke ist „zehn“. In der engen Turmkammer ist es Winkler, als müsse der hölzerne Turmaufbau jeden Augenblick krachend zusammenstürzen. Geradezu unheimlich wird es ihm in dieser grauenvollen Einsamkeit.

In der Nacht macht Friedl Winkler kein Auge zu. Er hat schon viel erlebt auf seinen Bergfahrten auf den Glockner, auf das Wiesbachhorn und all die Gipfel um Heiligenblut und Kals, aber eine

Nacht wie diese war nicht darunter. Um neun Uhr fällt das Telefon aus. Fünf Minuten vor halb elf bleibt die Uhr stehen. Friedl ist nicht sonderlich abergläubisch, aber die Hände zittern ihm, als er sie aufzieht und wieder in Gang bringt. Jetzt stirbt eins, würde seine Mutter in Heiligenblut drunten sagen... Er will gar nicht dran denken. Das Schicksal der Rubatscherleute lastet auch so wie ein zentnerschwerer Stein auf seiner Seele.

Einige Male bis Mitternacht wagt er sich vor die Tür hinaus. Da steht er dann, an die Hüttenwand gepreßt, und setzt das Nebelhorn an den Mund. Der klagende Ton zerflattert ungehört im Windgestöber. Nach dem sechsten Mal gibt er es auf. Jetzt kann er gar nichts mehr machen, als höchstens ein Vaterunser beten. Er weiß nicht, soll er das „Herr gib ihnen die ewige Ruhe" anfügen oder nicht. Er will nichts verschreien — also läßt er es bleiben.

Als endlich der graue Morgen dämmert, hat es zu schneien aufgehört. Aber immer noch lagern die Nebel schwer über den Neuschneemassen, und auch der Wind pfeift sein Lied, das freilich mit dem orgelnden Geheul des gestrigen Sturmes nicht wetteifern kann. Erst am frühen Nachmittag reißen die Wolken auf. Friedl Winkler weiß sich keinen Rat. Was soll er tun? Soll er als einziger auf dem weiten Leichenfeld umherirren und suchen?

Da entschließt er sich, den ihm wohlbekannten Weg durchs Fleißtal nach Heiligenblut abzufahren und von unten Hilfe zu holen.

Vor Einbruch der Dunkelheit kommt er in Heiligenblut an. Die Männer des Bergrettungsdienstes rüsten noch in der Nacht zum Aufstieg. In der Morgendämmerung verläßt ein langer Zug dunkler, schweigender Gestalten das schlafende Dorf.

Einen Tag suchen sie das weite Gebiet ab und noch einen. Zur Rojacherhütte steigen sie ab. Dort finden sie Fußspuren innerhalb der zerbrochenen Tür und auf einem Haufen Kohlensäcke die Taschenuhr des Wetterwarts. Also war er hier. Das kann nur nach dem Friedl gewesen sein. War er allein? Waren sie zu zweit? Sind sie von hier hinauf oder hinunter? Wer wollte das je ergründen? Beim Neubau ist alles fest verschlossen. Hier waren sie nicht.

Von Kolm steigt Sepp herauf. Er hat Burgl zuletzt an dem Unglückstag nach ein Uhr mittag gesehen, wie sie gegen den Maschingraben zu aufgestiegen ist. Zu der Zeit ist noch die Sonne am Himmel gestanden. Zurück ist Burgl nicht mehr gekommen. Seither fehlt von ihr jede Spur.

Auch Leonhard wurde nimmer gesehen, seit ihn das Schneegestöber vor den Augen des zweiten Beobachters verschlungen hat.

Die Männer der Bergwacht setzen ihre Suche fort und wissen, daß sie nur noch zwei Leichen finden werden.

Aber auch das dauert noch sechs volle Tage. Dazwischen machen Wind und Wetter die Sucharbeit immer wieder für Stunden unmöglich.

Da endlich — am siebenten Tag — sehen sie weit drüben am Rande des Gletscherfeldes, keine hundert Meter unterhalb der Tramerscharte, eine Schispitze zehn Zentimeter aus dem Schnee ragen. Sie graben und finden Frau Rubatschers erstarrte Leiche. Von Leonhard sehen sie noch immer nichts.

Entblößten Hauptes umstehen die rauhen Männer das Grab im Schnee. Dann betten sie schweigend den toten Leib auf den Schlitten, decken ihn zu, und zwei von ihnen ziehen mit der traurigen Fracht über die Fleißscharte hinunter nach Heiligenblut.

Am nächsten Tag bringen sie auch den Leonhard zu Tal. Nach mühsamem Suchen haben sie ihn aus metertiefem Schnee ausgegraben. Was sie aber bis ins Herz erschütterte, war die Tatsache, daß der Ort, an dem sie seinen Leichnam fanden, knapp vierundzwanzig Meter über der Stelle lag, an der der Tod seine Frau ereilte.

So hätten sie, die im Leben alles miteinander teilten, beinahe auch im Sterben zueinander gefunden. Aber dieser letzte Trost blieb ihnen versagt. In grauenvoller Vereinsamung mußten sie aus dieser Welt gehen. Der kalte, weiße Tod ist um ein paar Schritte schneller gewesen ...

Im Friedhof zu Heiligenblut, in den voll ruhiger Majestät der Gipfel des Großglockners niederblickt, schlummern nun beide einem neuen Morgen entgegen. Schlicht und einfach künden die wenigen Worte auf dem Stein, wer sie gewesen: „Leonhard und Notburga Rubatscher. Zwei stille Helden der Sonnblickwarte."

DER SONNE ENTGEGEN!

Der D-Zug Wien—Paris fährt am frühen Morgen in die Station Taxenbach ein. Für ein paar Augenblicke übertönt das Kreischen der angezogenen Bremsen das Rauschen der Salzach, deren helle Wässer hart neben dem Bahndamm einander schäumend jagen. Aus dem Fenster eines Abteils beugt sich ein junger Mann weit hinaus in den leuchtenden Frühsommertag, und seine Rechte schwenkt ein Taschentuch hin und her. Vor der Tür des Bahnhofsgebäudes steht ein weißhaariger Mann in der malerischen Pinzgauer Tracht und winkt zum Gruße mit einem derben, über und über mit Nägeln beschlagenen Bergstock. Der Junge im Zug hat den Alten erkannt und stößt einen fröhlichen Juchezer aus. Als der Zug hält, springt er mit einem Satz auf den Bahnkörper hinunter, holt mit schnellen Griffen zwei Koffer, die neben der Waggontür stehen, zu sich, nimmt noch einen dritten in Empfang, der ihm durch das Fenster herausgehoben wird, und eilt auf den alten Mann zu, der ihm mit ausgebreiteten Armen entgegenkommt.

„Herr Oberlehrer! Das ist aber schön, daß Sie gekommen sind! Einen lieberen Gruß hätte mir die Heimat nicht entgegenschicken können!“

Der Alte, dem die Freudentränen in den Augen glänzen, wehrt ab:

„Na, na, Bub! Nur nicht so närrisch. Tust deinem alten Lehrer zuviel Ehre an. Ich wüßt mir schon noch was Lieberes für dich. Aber es soll mich freuen, wenn du mit mir zufrieden bist.“

Dann hält der Oberlehrer seinen ehemaligen Schüler, den jetzigen Herrn Doktor Hermann Loitfellner, mit beiden Armen weit von sich und mustert ihn von oben bis unten.

„Laß dich anschauen, Bub! So schaut also ein Herr Doktor aus. Doktor der Physik und Meteorologie! Wird schon recht sein so. Aber verändert hast dich gar nicht, Hermann. Bist der alte geblieben, ganz der alte.“

Hermann Loitfellner, der seinen Lehrer um Haupteslänge überragt, legt einen Arm um seine Schulter und fragt:

„Was hätte ich mich auch verändern sollen? Ich mein immer, das wär gar nicht möglich gewesen. Wer in dem Landl da geboren wird, den läßt die Heimat nimmer los. Ich weiß noch recht gut, wie Sie uns immer gesagt haben: Kinder — haben Sie gesagt — aus dem eigenen Herzboden müssen euch die Berg herauswachsen, daß ihr sie nie vergessen könnt. — Und bei mir ist's so geworden. Ganz glücklich bin ich erst jetzt wieder, da ich das Bergwasser rauschen hör und das Gebirge vor mit sehe.“

Dem alten Oberlehrer leuchten die Augen. So ist er, der Hermann, er hat es ja immer gewußt, der geht nicht verloren, der nicht.

„Hast recht, Bub. Schau mich an. Fünfundsechzig Jahre bin ich jetzt alt geworden und bin viel herumgekommen in der Welt. Aber immer wieder hat's mich mit tausend Fäden zurückgezogen ins Salzburger Land. Und grad aus eurem Tal hätt ich nie wieder fortmögen. Aber jetzt komm!“ Er nimmt einen Koffer, Hermann die beiden anderen. „Sonst fährt das Postauto ohne uns davon. Die würden daheim schöne Augen machen, wenn wir zwei nicht ausstiegen. Warten doch schon alle auf dich."

Als sie ihre Koffer neben dem Auto niedergestellt haben und der Chauffeur damit hinauf aufs Wagendach klettert, fällt dem Oberlehrer Holzreiter ein, daß er ja bald das Wichtigste vergessen hätte. Also schüttelt er jetzt umso lebhafter die Hände seines großen Schulbuben und gratuliert ihm zum bestandenen Examen und zur Promotion.

„Brav hast es gemacht, Hermann, alle im Ort sind stolz auf dich und wünschen dir viel Glück für die Zukunft. Aber trotz deinem Doktor bleibst du für mich der Bub, gelt?"

Bald windet sich der Wagen in kühner Fart die stark ansteigende Straße bergan, bis die Häuser von Taxenbach mit der alten, spitztürmigen Kirche, wie aus einer Spielzeugschachtel hingestreut, aus der Tiefe des Talgrundes heraufgrüßen. Nach einigen Kehren um steilragende Felsen herum öffnet sich vor ihnen im Süden das Hochtal der Rauris.

Schneller als die Räder des Wagens sich drehen können, fliegen die Gedanken der Männer voraus.

Jetzt ist er da, der Tag, von dem der alte Oberlehrer Sigmund Holzreiter so oft geträumt hat, wenn er an seinen Schützling dachte. Der Tag, an dem Hermann als fertiger Mann zurückkommt ins Heimatdorf. Wohl nur für kurze Zeit, er soll ja dann in der Stadt drinnen arbeiten und wohnen. Aber vergessen hat er die Heimat nicht und auch nicht Mariedl, die er morgen als seine Frau an den Altar führen will. Daheim rüsten schon alle für den großen Tag.

Hermann Loitfellner trägt das unnennbare Glücksgefühl dessen im Herzen, der ein gutes Stück Arbeit geleistet und ein Ziel erreicht hat. Viele haben dazu beigetragen, und er ist stolz und froh, heute heimzukehren und vor sie alle hintreten zu dürfen, vor die Lebenden und vor die Toten, um ihnen Dank zu sagen.

Alle seine Gedanken jedoch überstrahlt das Bild des Mädchens, das er bis zum heutigen Tag als schönstes Andenken der Heimat in seinem Herzen bewahrt hat.
Vor der „Post“ in Rauris drängen sich die Menschen um das Auto. Heute sind es nicht nur Fremde, die hier eintreffen. Jung und alt freut sich mit den Loitfellnerleuten; daß der Hermann seinen Weg gemacht hat, erfüllt auch die anderen mit Stolz. Michel und seine junge Frau sind mit dem Wagen da. Sie laden die Koffer auf und fahren damit zum Einödhof. Der Vater ist daheim bei der Arbeit geblieben, und die Mutter hat alle Hände voll zu tun, um für den morgigen Hochzeitsschmaus vorzusorgen. Mariedl darf Hermann heute nicht mehr sehen, so will es die Sitte. Sie soll ihm erst am Morgen des Hochzeitstages als geschmückte Braut entgegentreten. Hermann darf darum auch nicht in sein Vaterhaus, sondern muß die eine Nacht beim Oberlehrer verbringen.
Draußen rieselt schon das weiße Mondlicht über die breiten Dächer, und in den Höfen rundum ist die letzte Lampe erloschen, und noch immer sitzen der Oberlehrer Sigmund Holzreiter und der junge Meteorologe Dr. Hermann Loitfellner an dem Tisch vor dem offenen Fenster im Gespräch beisammen. Von so vielem ist die Rede, und es ist viel Ernstes, aber auch manch Heiteres darunter. Damals war der „Herr Doktor“ noch ein kleiner, verträumter Bub, als das mit dem Sonnblick geschah. Und auch der erste Weg auf den Bärnkogel steht hell in der Erinnerung. Dazwischen taucht das Bild des alten Großvaters auf, und gut erinnert sich Hermann noch des braven Bernhardinerhundes. Von den Jahren, die dazwischenliegen, reden sie, vom Kommen und Gehen so mancher lieber Menschen im Dorf, nicht zuletzt vom tragischen Schicksal Leonhards und Burgls. Eineinhalb Jahre sind darüber schon wieder vergangen. Seither führt Friedl Winkler die Beobachtungen auf dem Observatorium durch. Er macht es gut, und als Hermann im letzten Sommer droben

war, hat er ihn als einen prachtvollen Menschen kennengelernt. Es ist überhaupt sonderbar. Die beiden Männer in der Lehrerwohnung mögen reden, wovon immer sie wollen, in jedes ihrer Gespräche blickt der Hohe Sonnblick hernieder, so wie sein mondbeschienener Felsengrat überm Ende der Marktstraße stets gegenwärtig grüßt.

„Er hat mich nimmer losgelassen seit meinen Kindheitstagen", bekennt Hermann, „und ich glaube, wenn heute einer käme und mir sagte, der Sonnblick brauchte mich —, ich würde Amt und Stellung drangeben und alles im Stich lassen und dem Ruf des Berges folgen, wie ich es damals getan habe, als mich der Großvater halberfroren am Fuß des Goldbergspitzes aufgefunden hat."

Da wird der alte Oberlehrer ganz still und nachdenklich. Weiß Gott, was ihm in dem Augenblick alles durch den Kopf geht. Er kennt das Leben und weiß, wie verschlungen die Wege oft sind, die es uns führt. Er nimmt nur die Hände des Jungen in die seinen, und sein Auge ruht auf der hohen und kräftigen Gestalt des Schulbuben von einst, dem man wohl den Doktor und die Gelehrsamkeit vom Gesicht ablesen kann, dessen Wesen jedoch die Ursprünglichkeit und gesunde Frische der Rauriser Heimat ungetrübt ausstrahlt.

So sitzen sie noch eine geraume Weile und sprechen kein Wort. Durch das offene Fenster trägt der Nachtwind die kühle Schneeluft von den Höhen und den heimatlichen Gesang des rauschenden Wassers.

Der Sonntagmorgen zieht strahlend über die Berge. Das junge Grün der Felder und Matten prangt in taufrischer Reinheit. Darüber wölbt sich der Himmel lachend blau, und die Sonne verschwendet ihr schönstes Gold, um das Tal und die schmucken Häuser der Rauris drin zu baden. Dem jungen Doktor Hermann Loitfellner hüpft das Herz im Leibe wie noch nie in seinem Leben, als er über die ausgetretenen Steinstufen durch das alte Tor den kühlen Flur des Einödhofes betritt.

Das sonst so stille Haus ist heute von einem aufgeregten Stimmengewirr erfüllt. Türen schlagen auf und zu, und festlich geputzte Menschen eilen über die Gänge. In der guten Stube rechter Hand wartet die Braut.

Hermann bleibt auf der Schwelle stehen, bevor er auf sie zueilt und sie in die Arme schließt. Wie sie dasteht in ihrem Hochzeitskleid, erkennt er so richtig zum erstenmal, daß aus dem kleinen, flachshaarigen Dirndl von einst ein wunderschönes, junges Weib geworden ist. Die Augen, die ehedem so lustig-blau in die Welt geblitzt haben, wissen heute so viel vom Ernst und von den verborgenen Geheimnissen des Lebens, daß der große, strahlende Blick, der Hermann trifft, eingebettet liegt in einer unendlich warmen und gütigen Fraulichkeit.

Unwillkürlich greift Hermann nach dem Futteral, das er in der Rocktasche trägt. Behutsam führt er Maria ans Fenster, durch das die Sonne ihre Strahlen hereinwirft, öffnet den ledernen Behälter und legt ihn in die Hände der jungen Frau. Die kann einen leisen Freudenschrei nicht unterdrücken. Was sie da umschlossen hält, funkelnd im Licht der Sonne, ist nichts anderes als der wunderbare, wasserhelle Bergkristall, den ihr vor dreizehn Jahren der Bub vom Sonnblick mitgebracht hat. Ein kostbarer Kranz von rotem Gold umrahmt den Stein, der heute und fürs ganze Leben ihr schönster Festschmuck bleiben soll. Mögen andere Bräute in Stadt und Land als Schmuck Brillanten und Diamanten tragen, sie möchte dieses köstliche Stück Natur gegen nichts in aller Welt eintauschen. Lange muß sie es betrachten, dann erst läßt sie's geschehen, daß Hermann ihr das Schmuckstück um den Hals legt. Von dem blauseidenen Tuch des Mieders leuchtet es in doppelter Pracht.

Zwei glückliche Menschen stehen Hand in Hand am Fenster und schauen einander in die Augen und dann hinaus ins Tal, von dessen Hintergrund sie der Berg ihrer Kindheit grüßt. Und in diesem Augenblick sind sie nicht mehr das Brautpaar Dr. Hermann Loitfellner und Maria Fleißner, sondern einfach der Bub Hermann und das Dirndl Mariedl. Und sie stehen nicht in der Stube des Einödhofes, sondern hoch droben am Bergwiesenrand überm Bach, und der Bub nimmt das Mädel stürmisch bei der Hand und sagt: „Den schönsten Bergkristall, den ich oben find, bring ich dir. Und gelt, Mariedl, wenn ich einmal groß bin, dann heirat ich nur dich..." Jedes Wort ist ihr noch in so lebendiger Erinnerung, als ob erst ein paar Tage dazwischenlägen. Die Hochzeitsgäste, die durch die Stubentür hereindrängen, reißen die beiden aus ihren Träumen und erinnern sie daran, daß seither dreizehn Jahre vorübergezogen sind und vieles von dem sich erfüllt hat, was damals als unbestimmte Sehnsucht auf dem Grunde ihrer Herzen lag.

Zur gleichen Stunde, in der sich vor dem Einödhof der Festzug der Hochzeitsgäste formiert, nähert sich den Feldweg herauf eine seltsame Gruppe. Schon ist sie unten am Gartenzaun angelangt, da werden alle auf sie aufmerksam und drehen ihr die Köpfe zu. Hermann erkennt als erster den Mann, der weit ausschreitet und neben sich ein Maultier führt. Es ist Sepp, der Hüttenwirt von Kolm-Saigurn. Auf dem Lasttier sitzt einer, dem das Gehen schwerfallen muß. Schon aus dieser Entfernung ist zu erkennen, wie krampfhaft er sich an dem Hals des Tieres festhält.

Hermann sieht genauer hin, und als Sepp mit seinem Begleiter auf dem Maultier den ansteigenden Weg herauf immer näher kommt, erkennt er in dem Reiter, der müd und elend aussieht, den Wetterwart vom Hohen Sonnblick, Friedl Winkler aus Heiligenblut.

Im weiten Bogen umstehen die Leute die Ankömmlinge.

Hermann eilt auf sie zu und will dem Friedl vom Maultier herunterhelfen. Alle treten näher. Der Wetterwart jedoch wehrt mit einem schmerzverzerrten Lächeln ab und zeigt mit der Hand auf seinen Fuß, der ohne Schuh und dick angeschwollen wie tot an der Seite des Tieres herabhängt.

„Ich kann nicht mehr gehen", murmelt er mit zusammengebissenen Zähnen. „Ein Unfall — vor einer Woche — am Turm. Eine kleine Verletzung, hab's nicht beachtet — Blutvergiftung. Der Fuß wird wegmüssen, sagt der Arzt. Aufs Observatorium werd ich nicht mehr können. Ich wollte euch nur noch sehen und euch Glück wünschen zum Hochzeitstag. Und einen Gruß vom Sonnblick bringen."
Mit diesen Worten langt er einen Buschen rotglühender Alpenrosen, die ersten, die Hermann in diesem Jahre sieht, vom Maultier herab und legt sie der Braut in die Arme.
Sepp gratuliert auch und meint, daß es sehr bös stünde um den armen Friedl. Gestern habe er sich nach Kolm heruntergeschleppt. Er wollte sich's nicht nehmen lassen und unbedingt zur Hochzeit erscheinen, weil er meinte, daß der Gruß vom Sonnblick das Brautpaar ganz besonders freuen würde. Also habe heute früh beim ersten Morgengrauen er, der Sepp, das Muli aus dem Stall gezogen, den Friedl, der vor Schmerzen nicht mehr schlafen konnte, draufgesetzt und ihn hierhergeführt. Jetzt kämen sie eben vom Arzt, der habe um ein Auto telefoniert, das den Wetterwart so rasch wie möglich nach Zell ins Spital bringen solle. Es wäre höchste Zeit, und der Fuß wäre leider verloren.
Was inzwischen mit dem Observatorium geschähe, will Hermann fragen. Dann besieht er sich den Jammer des bedauernswerten Freundes und läßt es bleiben. Doch der errät seine Gedanken: „Ja, da droben wird's jetzt seine liebe Not haben. Aber seien Sie froh, daß Sie sich deshalb keine Sorge machen müssen. Darüber wird man sich in Wien genug den Kopf zerbrechen."
Gewiß. Seine Sorge müßte es wirklich nicht sein. Er ist nicht der Verantwortliche für das Observatorium. Er ist Wissenschaftler, aber nicht Verwalter des Institutes.
Aber er ist ein Kind der Rauris. Er ist Hermann Loitfellner, der nämliche, der vor dreizehn Jahren als Bub auf und davon gerannt ist, in der festen Meinung, der Berg habe ihn gerufen.

Er ist der Enkel eines Peter Maylechner, der fünfzehn Jahre seines Lebens heldenhaft die Gipfeleinsamkeit ertragen hat und droben gestorben ist. Er ist der Bruder einer Notburga Rubatscher, die nach achtjährigem Opferleben an der Seite ihres Mannes ein tragisches Schicksal in den Tod getrieben hat. Er ist einfach nicht irgendeiner, dem der Berg fremd oder gleichgültig wäre oder nicht mehr als der gewohnte Hintergrund, vor dem das Leben so vieler abrollt seit undenklicher Zeit. Für ihn ist der Sonnblick der Berg seines Lebens, und die Tage, die er auf seinem stolzen Gipfel weilen durfte, leuchten in der Erinnerung noch hell wie Bergkristall auf dem Grunde seines Herzens.
Er weiß, daß die Beobachtungsreihe in diesem Zeitpunkt nicht unterbrochen werden darf. Eben jetzt sind wichtige Forschungsarbeiten im Gange, an denen er selber hervorragend beteiligt ist. Diese machen eine genaue und regelmäßige Aufzeichnung des Klimas unbedingt notwendig, soll nicht die Mühe und Anstrengung eines halben Jahres umsonst gewesen sein.
Er weiß aber auch, daß im Augenblick keiner aufzutreiben ist, der den Dienst am Observatorium über nehmen.
Ruft ihn der Sonnblick noch einmal? Und gar an seinem Hochzeitstag?
In strahlender Schönheit grüßt das Felsenhaupt aus der Tiefe des Hüttwinkltales heraus. Hermann muß für eine Weile die Augen schließen, als hätte ihn das Bild geblendet. Dann öffnet er sie wieder, und lang und forschend ruht sein Blick auf der bräutlich geschmückten Frau an seiner Seite.
Maria ahnt, welch schweren Kampf diese Stunde ihren Bräutigam kostet. Nicht umsonst war sie die Vertraute seines Herzens schon zu einer Zeit, da sie noch Kinder waren. Mag damals Spiel und Träumerei den klaren Sinn umnebelt haben, heute wissen sie, daß es zwar nicht Geister und Bergkönige sind, die die Menschen rufen, daß aber das Leben selber rufen kann nach einem unergründlichen, aber zwingenden und heiligen Gesetz. Maria nimmt

Hermann bei der Hand und drückt sie fest, und ihre Augen, die sich mit Tränen füllen, sprechen für den verschlossenen Mund.
Hermann spürt die innere Bewegung, die sie beide ergriffen hat. Noch sieht er keinen Weg. Dort aus der blauen Himmelsferne winkt der Berg mit dem stolzen Haus, dessen Ruf er zu vernehmen meint, und hier, dicht an seiner Seite, steht die blühende Braut, das warme, blutvolle Leben, das seine Hand ergriffen hat. Kann er denn anders als mit Maria gehen? Heute ist sein Hochzeitstag! Hat er denn nicht schon gewählt?
Und dennoch kostet es einen harten Kampf, einen Entschluß zu verdrängen, der mit einem Schlage alles verändern müßte. Die Hochzeitsgäste, die um sie herumstehen, rücken in weite Ferne, und ihre Stimmen klingen an sein Ohr, als kämen sie aus einer anderen Welt. Vor sein Auge rücken das verwaiste Observatorium, die leerstehende Küche und die Instrumente, die auslaufen und stillestehen. Er sieht seine Forschungsarbeit in Frage gestellt und weiß sich keinen Rat.
Da tritt Maria ganz nahe an ihn heran. Ihre Stimme zittert, aber feste Entschlossenheit spricht aus ihr:
„Hermann! Der Sonnblick ruft! Du mußt folgen. Ich weiß es. Aber ich laß dich nicht allein. Ich gehöre zu dir."
Der Mann fährt aus seinem Sinnen auf.
„Wie, Maria? Du wolltest doch nicht wirklich —?"
„Ja, ich will wirklich! In einer Stunde bin ich deine Frau. Und dann gehöre ich an deine Seite, wohin immer du gehst. Als deine Frau will ich nicht weniger tapfer sein, als so viele andere es gewesen sind. Denk an Burgl!"
Hermann kann es noch immer nicht glauben, daß Maria die geplante kleine Hochzeitsreise und das ruhige Leben in der Stadt gegen das harte, gefahrvolle und entbehrungsreiche Leben auf dem Sonnblickobservatorium eintauschen möchte.
„Du bist eine tapfere Frau, Maria. Aber das kann ich nicht von dir verlangen. Das Opfer wäre zu groß. Noch kannst du dich

frei entscheiden. Oder — laß mich zuerst auf den Berg! Es ist gewiß nur für ein paar Monate. Dann komm ich wieder, und nichts wird unser Glück stören können."

Da schüttelt die Braut den Kopf, daß die blonden Locken unter der zierlichen Krone hervorquellen.

„Der Sonnblick kann unser Glück nicht stören, Hermann! Wir haben als Kinder fest zusammengehalten, warum sollten wir es jetzt, wo wir groß sind, nicht tun? Du wirst auf den Sonnblick gehen, und ich werde dich begleiten. Und wir werden beide droben glücklich sein."

Noch einmal gibt ihr Hermann zu bedenken:

„Es ist viel, was auf dich wartet, Kind."

Maria aber legt ihre Hand in die des Mannes und sagt:

„Auf mich wartet das Leben an deiner Seite. Wenn du bei mir bist, werde ich alles ertragen können."

Da nimmt Hermann sie in seine Arme und weiß, daß an der Seite dieser Frau alles gut werden wird.

Auf dem Zug zur Kirche ist das unerwartete Schicksal der Hochzeiter in aller Munde.

Als sie am Schulhaus vorüberkommen, tritt Sigmund Holzreiter aus der Tür. Er hat soeben Nachricht bekommen, daß seine beiden Schützlinge morgen auf den Sonnblick übersiedeln wollen. Auf seinemAntlitz liegt ein frohes Leuchten, als er ihnen zuwinkt und sich dann in den Zug der Hochzeitsgäste einreiht.

An der Spitze marschiert die Musik. Als sie auf den Kirchenplatz einbiegt, spielt sie den „Rojacher-Marsch", der Tambour der Bauernkapelle zu Ehren des „Sonnblick-Hochzeitspaares" für diesen Anlaß komponiert hat.

Auch der alte Pfarrer hat den Text seiner Ansprache geändert. In der festlich erleuchteten Kirche spricht er vor der versammelten Gemeinde zu den beiden von den unergründlichen Wegen, die Gott die Menschen führt, und daß sie so hoch droben dem Himmel und seinem Segen umso näher wären . . .

Nach beendetem Gottesdienst verlassen Hermann und Maria als jüngstes Rauriser Ehepaar die Kirche. Auf dem kleinen Friedhof treten sie an das Grab des Peter Maylechner. Hermann taucht die Finger in den Weihbrunn und besprengt den kleinen Hügel, Maria aber legt ihr Brautbukett, den roten Alpenrosenstrauß, darauf nieder.

Der Sonntag ist angefüllt mit all der überschäumenden Fröhlichkeit, die bei keiner Hochzeit in den österreichischen Alpen fehlen darf. Nur zwei bleiben recht still und nachdenklich inmitten des Trubels: Hermann und Maria Loitfellner.

Als am nächsten Morgen die Sonne überm Tal steht, wartet vor dem Einödhof ein Wagen. Er soll die Koffer mit den notwendigsten Dingen nach Kolm-Saigurn fahren. Eigentlich hätte sie das Postauto an die Bahnstation und zum Zug nach Wien bringen sollen. Dazu wird es jetzt für längere Zeit nicht kommen. Ein Brief mit der nötigen Aufklärung in die Stadt wandert an ihrer Stelle.

Hermann und Maria aber treten eine gar seltsame Hochzeitsreise an. Sie lassen den Wagen mit dem Gepäck allein fahren. Zu Fuß, Hand in Hand, wollen sie dem Sonnblick entgegengehen. Für unbestimmte Zeit lassen sie die Menschen und ihre Gemeinschaft hinter sich. Vor ihnen jedoch wartet nicht die Fremde. Im Sonnenlicht ragt aus dem hintersten Talgrunde der Berg ihrer Sehnsucht. Er wird sie aufnehmen wie ein großer, guter Freund, voll Dank für die Treue, die sie ihm gehalten haben.

Wie sie so auf der Straße dahinwandern und sich immer weiter vom Heimatdorf entfernen, stehen unter dem Tor des Einödhofes die alten Loitfellnerleute und blicken ihnen stumm nach. Der Oberlehrer ist auch bei ihnen. Er legt dem Bauer und der Bäuerin die Hände auf die Schultern und sagt:

„Um die zwei macht euch keine Sorge. Die werden ihren Weg finden. Schaut nur, sie gehen der Sonne entgegen."

Richard Bletschacher

Flugversuche

Erzählungen

Gezeichnet von Erwin Bracher

Format: 14,8 × 21 cm
Pappband, 152 Seiten
ISBN 3-215-04801-9

Dreizehn Erzählungen sind in diesem Buch versammelt, nicht ein rundes Dutzend. Und eine jede ist alles andere als Dutzendware. Skurriles steht neben Märchenhaftem, Spöttisches neben Ernstem, Nachdenkliches neben Unglaublichem. Die Erzählungen wenden sich an junge Leute, die ihre eigenen Flugversuche wagen. Sie sollen ihnen Mut machen, sich auf den Wind zu legen, um die Schrecken und Freuden der Welt zu sehen.

Ein Jugendbuch aus dem Bundesverlag